ALFRED BIOLEK & ECKART WITZIGMANN

VEGETARISCH

AUBERGINENCURRY

UNSER KOCHBUCH

ALFRED BIOLEK & ECKART WITZIGMANN

VEGETARISCH

Tre Torri

Impressum

Unser Kochbuch
Alfred Biolek & Eckart Witzigmann
VEGETARISCH

Überarbeitete Neuauflage 2009

HERAUSGEBER Ralf Frenzel

www.tretorri.de

KONZEPTION UND UMSETZUNG CPA! Communications- und Projektagentur GmbH, Wiesbaden
www.cpagmbh.de
Die CPA! ist Mitglied der Deutschen Akademie für Kulinaristik und fördert Slow Food Deutschland e.V.

BUCHGESTALTUNG Constantin Rothenburg, Berlin
SCHWARZWEISSFOTOS Mitja Arzenšek, Köln
FARBFOTOS Peter Schulte Photographie, Hamburg
REDAKTIONELLE BERATUNG Claus Lüttig, München
SATZHERSTELLUNG Peter Winkelmann, Wiesbaden
REPRODUKTION Lorenz & Zeller, Inning a. A.
ScanComp GmbH, Wiesbaden

Printed in Spain

ISBN 978-3-937963-94-5

INHALT

ALLE REZEPTE FÜR VIER PERSONEN

Alfred Biolek und Eckart Witzigmann im Küchen-Talk

BIOLEK Würdest du sagen, dass unser Kochbuch ein vegetarisches Kochbuch ist?

WITZIGMANN Ja und nein. Ja, weil wir sehr konsequent auf alles, was mit Fisch, Fleisch und Geflügel zu tun hat, verzichtet haben. So gibt es in den Rezepten keine versteckten Sardellenfilets, keine Fischsauce bei asiatischen Gerichten und natürlich keinen Fleisch- und Fischfond. Ein hundertprozentiger Vegetarier kann alles essen, was nach unserem Kochbuch gekocht wurde. Nein sage ich, weil es auf keinen Fall ein Kochbuch nur für Vegetarier ist. Unsere Basisrezepte, unsere kleinen Gerichte, die sich hervorragend als Vorspeisen für Fleisch- oder Fischgerichte eignen, unsere Gemüsegerichte, die Rezepte aus dem Kapitel „Kartoffel und Co“ sind Hilfen für jede Küche – ob mit oder ohne Fleisch und Fisch. Das gilt natürlich erst recht für die Suppen, die Salate und die Desserts.

BIOLEK Ich esse ja nach wie vor Fleisch und Fisch, aber immer weniger. Das hat mit der Qualität dieser Produkte zu tun. Es hat ja schon immer eine ganze Reihe qualitätsbewusster Fleischproduzenten gegeben, aber die muss man erst finden, und für Qualität muss man eben mehr bezahlen.

WITZIGMANN Ja, das ist einer der Gründe, warum immer öfter nach Alternativen

zu Fleisch, Geflügel und Fisch gefragt wird. Wobei Fisch kein so negatives Image beim Verbraucher hat. Wichtig ist nur, dass er frisch ist. Aber es gibt noch einen anderen Grund: Es hat sich herumgesprochen, dass es einfach gesünder ist, mehr Gemüse als Fleisch zu essen. Ich bin von Haus aus, und das seit meiner Kindheit, ein Gemüseliebhaber. Damals wurde bei uns nicht so viel Fleisch gegessen. Wir hatten das Gemüse im Garten und die Schwammerln, wie man die Pilze bei uns in Österreich nennt, im Wald direkt hinter dem Haus.

BIOLEK Wenn man Fleisch oder Fisch isst, kann es im Gaumen zu kleinen Geschmacksexplosionen und -sensationen kommen. Oft ist es gar nicht das Stück Fleisch oder Fisch, das dazu führt, sondern es sind die Saucen, die mit Fleisch- oder Fischfond zubereitet wurden. Da können einfache, phantasielose Gemüsegerichte, wie wir sie als Beilagen zu Fleisch oder Fisch kennen, kaum konkurrieren.

WITZIGMANN Genau da setzt unser Kochbuch an. Wir haben uns sehr angestrengt, Rezepte zu kreieren, zu finden oder durch Veränderung bekannter Gerichte Neues entstehen zu lassen. Oberstes Ziel war aber immer, die von dir erwähnten Geschmacksexplosionen im Gaumen entstehen zu lassen – ohne Fleisch, Geflügel und ohne Fisch. Natürlich lässt sich das nur mit etwas Mühe und Zeit erreichen. Es müssen eine Vielzahl von Gemüsen, von frischen Kräutern und von Gewürzen eingekauft und mit viel Phantasie verarbeitet werden, und es muss natürlich auch hier immer die Qualität stimmen.

BIOLEK Spaghetti sind schnell gekocht. Aber für raffinierte Gemüsegerichte ist der Zeitaufwand viel größer – man muss die Ware behutsam und mit Phantasie verarbeiten. Jetzt habe ich von dir auch noch gelernt, dass Körnergewürze, wie Kümmel, im Ganzen in Öl angeröstet und dann mit dem Messer zerkleinert werden sollen.

WITZIGMANN Ja, weil sie so ihre Aromen besser entfalten. Aber auch dieser zusätzliche Zeitaufwand hat etwas damit zu tun, dass wir nach dem Genuss unserer Gerichte möglichst oft dein berühmtes „Hmm" hören wollen.

BIOLEK Das leuchtet mir ein. Das ist so ähnlich wie bei Pfeffer und Parmesan – immer frisch gemahlen bzw. frisch gerieben.

WITZIGMANN Bei diesen beiden Zutaten sollte man kompromisslos sein. Wenn in unseren Rezepten Pfeffer steht, dann heißt das immer: frisch gemahlener Pfeffer. Und auch bei Parmesan gehen wir immer davon aus, dass er frisch gerieben ist.

BIOLEK Das ist auch kein großer Zeitaufwand. Bei den gerösteten Samengewürzen ist das schon anders. Wenn es mal schnell gehen soll, werde ich sicher gemahlenen Kümmel, Koriander oder Nelkenpfeffer nehmen. Das verstehst du doch, oder?

WITZIGMANN Das ist allemal besser, als ohne Gewürze zu kochen. Du kennst mich ja, am liebsten koche ich mit frischen Produkten, aber falls frische Kräuter nicht zur Hand sind, kann man getrocknete nehmen. Besonders geschmacksintensiv sind

„Für viele unserer Rezepte muss man sich Zeit lassen.“

„Ja, aber der zusätzliche Zeitaufwand hat etwas damit zu tun, dass wir nach dem Genuss unserer Gerichte möglichst oft dein berühmtes ‚Hmm‘ hören wollen.“

die gefrorenen Kräuter. Im Übrigen ist ein Rezept, auch wenn es in unserem Kochbuch steht, kein Gesetz. Wer Knoblauch oder Muskat nicht mag, verzichtet darauf.

BIOLEK Ich mag zum Beispiel keinen frischen Koriander, weil er für mich nach Seife schmeckt.

WITZIGMANN Dann ersetze ihn durch Basilikum oder Oregano oder ein anderes Kraut. Als Profi habe ich ganz bestimmte Ansprüche zu erfüllen. Wenn ich privat koche, muss nicht jede Tomate geschält und nicht jedes pürierte Gemüse auch noch passiert werden, aber es muss von guter Qualität sein.

BIOLEK Wie steht es mit den Mengenangaben in den Rezepten. Muss man sich streng danach richten?

WITZIGMANN Da sollte man unterscheiden. Es gibt Gerichte, die gehen bis zur Ungenießbarkeit völlig daneben, wenn man sich nicht an die Mengenangaben im Rezept hält. Dazu gehören vor allem die Soufflés, das gebackene Kartoffelpüree und andere gebackene Gerichte, Knödelgerichte, Pflanzerl, Plätzchen und Kücherl. Bei anderen Gerichten, wie Suppen, Salate, Gemüsegerichte, Aufläufe und Pastagerichte, muss das Abweichen vom Rezept nicht zum Misslingen führen. Das Gericht schmeckt dann anders. Vielleicht schlechter, vielleicht aber auch besser. Wir haben eine bestimmte Vorstellung vom Verhältnis der einzelnen Zutaten zueinander. Und da es bei Kartoffeln, bei Tomaten, bei Eiern aber auch bei Esslöffeln oder Tassen viele Größen gibt, haben wir auch bei nicht so empfindlichen Rezepten meistens das Gewicht und die Menge angegeben. Genauso wie wir Maße für Auflauf- und Souffléformen angeben, damit die nach dem Rezept gekochte Menge nicht zu viel oder zu wenig für die Form ist. Das sind alles Hilfen, keine Vorschriften.

BIOLEK Wer nach unserem Kochbuch kochen will, sollte außer Zeit auf jeden Fall eine Küchenwaage und zwei Messbecher haben: einen großen bis 1,5 Liter und einen kleinen bis 125 ml. Du hast Soufflés und andere gefürchtete Gerichte erwähnt. Ich hatte damit immer viele Probleme. Erst durch die Rezepte in unserem Buch habe ich eine große Sicherheit bekommen.

WITZIGMANN Das freut mich, denn eigentlich sind Soufflés gar nicht so schwer. Man muss sich, wie ich schon sagte, an die Rezeptangaben halten. Da kann es gut sein, mit dem Gemüsehändler intensive Gespräche zu führen. Wenn er seine Produkte kennt, kann er hilfreiche Tipps geben. Die Konsumenten müssten auf ihre Gemüsehändler mehr Druck ausüben, damit sich das bei den Produzenten auf bessere Qualität überträgt.

BIOLEK Meine größten Vorbehalte hatte ich bei den Gerichten, die aus ideologisch belasteten Körnern, wie Grünkernflocken oder Buchweizengrütze, zubereitet werden. Aber du hast mich überzeugt: Das Ergebnis ist wirklich spektakulär und eine wichtige Alternative zu Fisch, Fleisch und Geflügel als Hauptgericht.

WITZIGMANN Du hast Recht. Diese Gerichte sind wirklich kein Ersatz, sondern eine Alternative.

BIOLEK Vielleicht sollten wir noch erklären, warum wir in einem Kochbuch, das sich auf die Suche nach Alternativen zu Fisch und Fleisch macht, auch ein Kapitel mit Desserts haben.

WITZIGMANN Das hat zwei Gründe. Einmal fühlen sich viele nach einem Essen, das ausschließlich aus Gemüsen zubereitet ist, nicht satt. Wir haben deshalb hauptsächlich österreichische Mehlspeisen gewählt, von denen der Hungrigste satt wird. Der andere Grund sind deine so sehr geliebten Geschmackssensationen oder -explosionen im Gaumen. Wenn du für Gäste kochst, die kein Fleisch und keinen Fisch essen, musst du alle Register ziehen, um sie auch ohne diese Zutaten zu begeistern.

BIOLEK Ja, wenn ich an den Milli-Rahm-Strudel denke …Hmm!

1500
1000

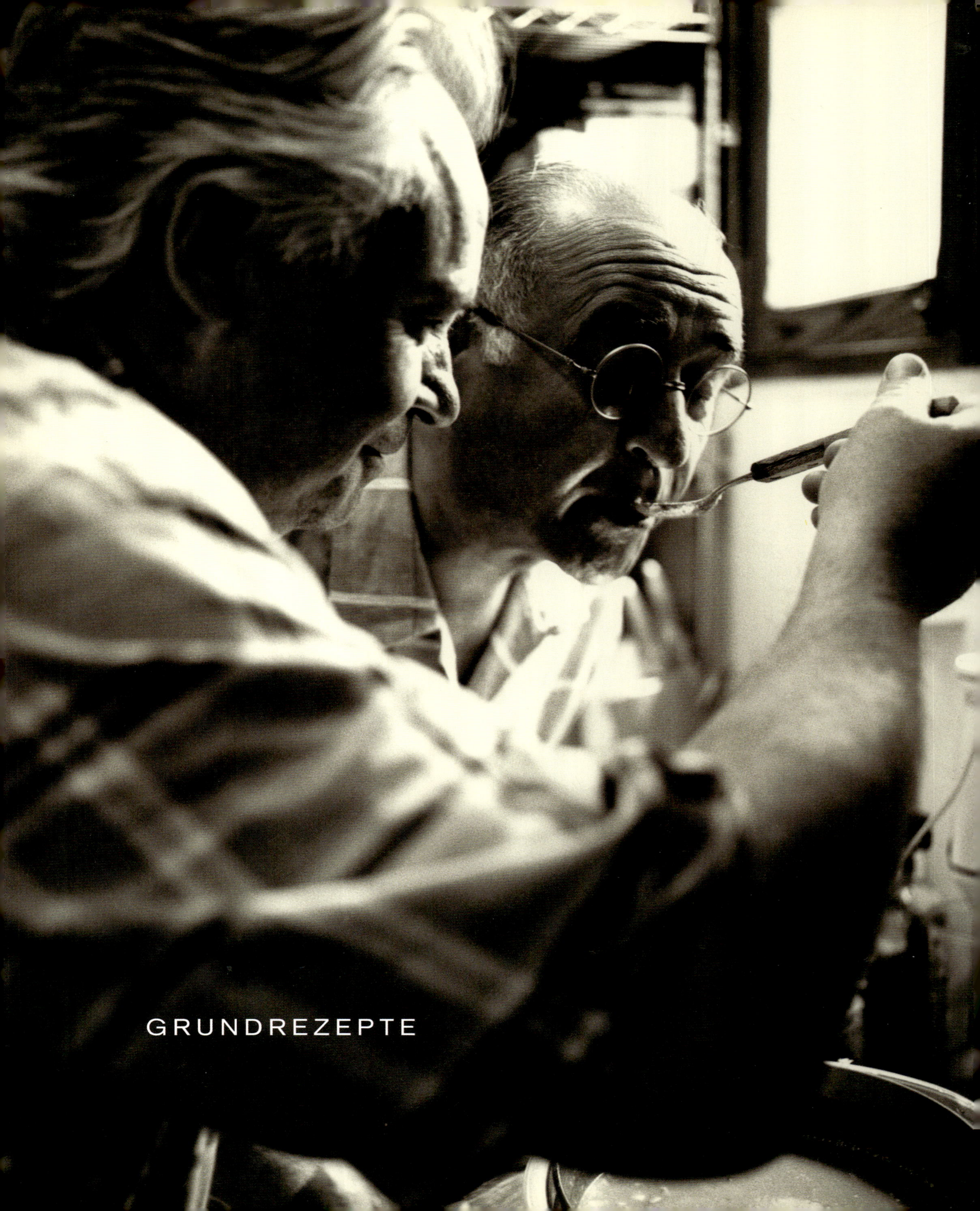

GRUNDREZEPTE

BÉCHAMELSAUCE

Die Butter in einem Topf schmelzen lassen, das Mehl einrühren und hell rösten. Nach und nach die kalte Milch zugießen und unter ständigem Rühren zum Kochen bringen, dabei glatt rühren.

Die gespickte Zwiebel hineingeben und die Sauce 30 Minuten leise kochen lassen; gelegentlich umrühren, damit die Sauce nicht ansetzt. Die gespickte Zwiebel herausnehmen, die fertige Sauce durch ein feines Sieb gießen und mit Salz, Muskatnuss, Cayennepfeffer und 1 Spritzer Zitronensaft abschmecken.

ZUTATEN

2 EL Butter

2 EL Mehl Type 405

500 ml Milch

1 Zwiebel, gespickt mit 1 Lorbeerblatt und 1 Nelke

Salz

Muskatnuss

Cayennepfeffer

1 Spritzer Zitronensaft

GEMÜSESUD

Die Zwiebel und Schalotten schälen. Den Lauch putzen und sorgfältig waschen. Karotten, Sellerie und Fenchel putzen und waschen. Alles in nicht zu kleine Stücke schneiden. Die Pilze putzen.

Zwiebel- und Schalottenwürfel in Olivenöl kurz anschwitzen. Lauch, Möhren, Staudensellerie, Fenchel, Pilze und die ungeschälten und angedrückten Knoblauchzehen zugeben. Den Topf mit dem Wasser auffüllen. Lorbeerblätter, Petersilienstängel (vorher mit Küchengarn zusammenbinden), Nelken sowie Meersalz zugeben und alles einmal kurz zum Aufkochen bringen.
20 Minuten leise kochen lassen.

Vom Herd nehmen, die Pfefferkörner zugeben und 20 Minuten ziehen lassen. Alles durch ein Sieb gießen und dabei nur leicht anpressen.

PS Den Gemüsesud können Sie gut auf Vorrat herstellen und zum Beispiel in Eiswürfelformen oder verschieden großen Plastikbehältern einfrieren, weil man dann den Sud in den unterschiedlichen Mengen, je nach Rezept, auftauen kann. Besser schmeckt es aber, wenn der Gemüsesud vor der Verwendung frisch zubereitet wird.

ZUTATEN

1 große Zwiebel
2 große oder 4 kleine Schalotten
2 dicke Stangen Lauch (350 g)
2 Karotten
100 g Staudensellerie
1 große Fenchelknolle (250 g)
200 g Austernpilze
3 EL Olivenöl
3 Knoblauchzehen
1,5 l Wasser
2 Lorbeerblätter
6 Stängel glatte Petersilie mit Kraut
3 Nelken
1 EL Meersalz
15 weiße Pfefferkörner

GEMÜSESUD

TOMATENSUGO

Alle Gemüse waschen. Tomaten vom grünen Strunk befreien und vierteln. Fenchel halbieren, Strunk und Grün entfernen und die Knolle in dünne Streifen schneiden. Staudensellerie klein schneiden. Paprika vierteln, entkernen und würfeln, Zwiebeln schälen und ebenfalls in kleine Würfel schneiden. Das Olivenöl erhitzen und den Zucker darin karamellisieren. Die Knoblauchzehen in der Schale leicht andrücken und mit den Kräutern zugeben.
Das klein geschnittene Gemüse (ohne Tomaten) und die Zwiebeln dazugeben und weitere 3 Minuten glasieren. Tomatenmark einrühren, geviertelte Tomaten unterheben und abgedeckt 20 Minuten bei geringer Temperatur sanft kochen lassen.

Die Tomaten aus der Dose mit einer Gabel fein zerdrücken und mit dem Saft zur Tomatensauce geben. Weitere 1,5 Stunden offen sanft kochen lassen, gelegentlich umrühren und bei Bedarf etwas Flüssigkeit zugeben (Gemüsesud oder Tomatensaft). Die Chilischoten zwischen den Fingern zerreiben und die Tomatensauce damit pikant würzen. Sauce durch ein grobes Sieb gießen und leicht salzen.

PS Der Tomatensugo kann wunderbar auf Vorrat produziert werden, da er sich im Kühlschrank mehrere Tage aufbewahren lässt. Er ist vielseitig einsetzbar. So schmeckt er zu Spaghetti mit Basilikum, aber auch als Suppe, verdünnt mit Gemüsesud und mit einem Klacks Crème fraîche abgeschmeckt.

ZUTATEN FÜR 3/4 LITER SAUCE

1 kg reife Tomaten
1 mittelgroße Fenchelknolle (200 g)
1 dicker Stängel Staudensellerie
1 mittelgroße rote Paprika (100 g)
1 mittelgroße und 1 kleine Zwiebel (150 g)
3 EL Olivenöl
1 EL Zucker
4 Knoblauchzehen
5 große Blätter frisches Basilikum
2 frische Rosmarinzweige (etwa 10 Nadeln) oder getrockneter Rosmarin
2 Zweige frischer Thymian oder getrockneter Thymian
1 Lorbeerblatt
1 EL Tomatenmark
1 große Dose geschälte Tomaten (800 g)
2 getrocknete Chilischoten
Salz

NUDELTEIG

Öl, Salz und die gut verquirlten Eigelb zusammen mit Mehl und Grieß mit bemehlten Händen zu einem gleichmäßigen Teig verkneten. Wenn nötig, noch etwas Mehl zugeben. Den fertigen Teig in Klarsichtfolie einpacken und mindestens 2 Stunden im Kühlschrank ruhen lassen. Mit einer Nudelmaschine oder von Hand verarbeiten. Für Ravioli muss der Teig sehr dünn sein, was ohne Maschine nicht ganz einfach zu erreichen ist.

ZUTATEN

3 EL Olivenöl

Salz

180 g Eigelb (etwa 8 Eier)

210 g Mehl Type 405

125 g Grieß

MAYONNAISE

Ei, Senf mit dem Zitronensaft in einen hohen Mixbecher oder eine Schüssel geben. Mit dem Stabmixer oder Schneebesen das Öl unter ständigem Rühren langsam einlaufen lassen. Darauf achten, dass eine homogene Masse entsteht. Wenn alles Öl eingerührt ist, mit Salz und Cayennepfeffer abschmecken.

ZUTATEN

1 Ei mit Zimmertemperatur

2 TL Dijon-Senf

1 Spritzer Zitronensaft oder Essig

200 ml Sonnenblumenöl

Salz, Cayennepfeffer

KLEINE GERICHTE

KÄSEKNÖDEL IM WIRSINGBLATT MIT KRESSE

VOLLKORNBROT MIT SCHAFSKÄSE UND OLIVEN

Dinkel-, Roggenmehl, Salz und Zucker mischen. Die zerbröckelte Hefe in lauwarmem Wasser auflösen, langsam einlaufen lassen. Den Sauerteig zugeben. Je nach Konsistenz des Sauerteiges etwas Mehl oder Wasser zum Teig geben. Mit dem Knethaken einer Küchenmaschine zu einem glatten Teig verkneten. Oliven und Schafskäse in kleine Würfel schneiden und mit den Gewürzen und dem klein gehackten Rosmarin unter den Teig kneten. Den Teig auf eine bemehlte Arbeitsfläche geben und mit der Hand zu einer schönen Kugel formen. Mit einem Tuch abdecken und an einem warmen Ort 30 Minuten gehen lassen.

Den Teig auf der bemehlten Arbeitsfläche nochmals durchkneten, zu einem ovalen oder runden Laib formen und in einen stark bemehlten Brotkorb oder eine Schüssel legen. Mit einem Tuch abdecken und weitere 30 Minuten an einem warmen Ort gehen lassen.

Den Backofen auf 200 °C (Heißluft 180 °C) vorheizen. Den Brotlaib auf ein mit Backpapier ausgelegtes Backblech stürzen, mit Wasser einpinseln und je nach Geschmack mit einigen Koriander- und Kümmelkörnern und etwas grobem Meersalz bestreuen. Im vorgeheizten Backofen auf mittlerer Schiene 75 Minuten backen (bei Heißluft 180 °C verringert sich die Backzeit um etwa 15 Minuten). Das fertige Brot auf einem Gitter auskühlen lassen.

PS Schmeckt sehr gut mit Schafskäse und Oliven.

ZUTATEN FÜR EINEN LAIB

350 g Dinkelmehl Type 1050
210 g Roggenmehl Type 1150
1 TL Salz
1 TL Zucker
1 Würfel frische Hefe (42 g)
300 ml lauwarmes Wasser
150 g Sauerteig (Fertigprodukt)
10 grüne Oliven (50 g)
200 g Schafskäse (Feta)

1 Msp. gemahlene Nelken
½ TL Kreuzkümmel (Cumin)
1 Msp. gemahlener Piment
½ TL gemahlener Ingwer
1 Zweig frischer Rosmarin
Dinkelmehl für die Arbeitsfläche

Je nach Geschmack Korianderkörner,
Kümmel und grobes Meersalz zum Bestreuen

OLIVENPASTE

Die Oliven entkernen und sehr klein schneiden bzw. in einer Küchenmaschine zerkleinern. Die getrockneten Tomaten aus dem Öl nehmen, abtropfen lassen und ebenfalls sehr fein hacken. Den Knoblauch schälen, fein hacken. Kapern und Chilischote fein hacken. Alles zusammen in eine Schüssel geben und mit dem Olivenöl gut vermischen. Mit Pfeffer und Thymian abschmecken.

PS Wer kein Fleisch, aber gelegentlich Fisch isst, kann die Olivenpaste durch 2 bis 3 gut abgespülte und klein gehackte Sardellen verfeinern. Die Paste hält sich im Einweckglas bis zu 2 Wochen im Kühlschrank.

Die in Südfrankreich „Tapenade" genannte Olivenpaste schmeckt wunderbar auf getoastetem Graubrot oder auf frischer Baguette, Ciabatta oder Vollkorn-Baguette. Hervorragend zum Apéritif!

ZUTATEN

280 g Oliven mit Kernen, je zur Hälfte grün und schwarz

90 g getrocknete, in Öl eingelegte Tomaten

1 Knoblauchzehe

1 EL Kapern

1 Chilischote

75 ml Olivenöl

Pfeffer

Thymian

GEMÜSETATAR MIT KARTOFFELRÖSTI

Für das Tatar das Gemüse putzen und in feine Würfel schneiden. Den Fenchel und die Karotten kurz in Salzwasser blanchieren und kalt abschrecken. Mit dem rohen Gemüse, der klein gewürfelten Frühlingszwiebel und dem fein gehackten Knoblauch vermischen und mit Salz und Pfeffer sehr mild abschmecken.

Für die Sauce Mayonnaise, Senf, Kapern und Kräuter vermengen und mit Salz, Pfeffer und Zitronensaft abschmecken.

Die Kartoffeln schälen und fein reiben. Mit Salz und Pfeffer würzen und in einer heißen Pfanne mit etwas Butterschmalz kleine, dünne Rösti ausbacken.

Die Gemüse mit der Senfmayonnaise abbinden, nochmals abschmecken und auf den Rösti anrichten.

Anstatt der Rösti passen auch sehr gut in Tempurateig ausgebackene Zucchiniblüten dazu.

PS Trick: Da nicht alle Gemüse gekocht werden, erhält das Tatar einen leichten Biss und wirkt dadurch frischer.

ZUTATEN FÜR 4 PERSONEN

Je 50 g Karotte, Gurke ohne Kerne, gelbe Paprika, Stangen-Sellerie und Fenchel
Salz
1 Frühlingszwiebel
½ Knoblauchzehe
Pfeffer

3 EL Mayonnaise
1 TL körniger Senf
1 TL mittelscharfer Senf
1 TL gehackte Kapern
etwas Estragon
etwas Petersilie
etwas Zitronensaft

500 g fest kochende Kartoffeln
4 EL Butterschmalz

MELONEN-CHUTNEY

Die Melone in Viertel teilen, das Fruchtfleisch aus der Schale lösen und in zentimetergroße Würfel schneiden. Die geschälte Knoblauchzehe fein hacken, die Chilischote entkernen, abspülen und hacken. Knoblauch und Chili in nicht zu heißem Öl leicht erhitzen, zuerst das Currypulver, dann die Honigmelone zugeben und alles dünsten, bis die Melonenwürfel glasig sind. Orangensaft, Weißwein, Portwein und Essig zugeben. Sanft kochen, bis eine dickflüssige Masse entstanden ist. Mit Salz abschmecken und abkühlen lassen.

Die Gurke waschen, längs halbieren, die Kerne entfernen und das Fruchtfleisch sehr fein würfeln. Wer es gerne noch feiner hätte, kann die Gurke zusätzlich schälen. Estragon waschen, die Blätter fein streifig schneiden und mit den Gurkenwürfeln unter die Melonenmasse mischen. Eventuell noch einmal mit Salz abschmecken.

PS Variante: Noch 1 EL Ingwersirup (in Asialäden erhältlich) hinzufügen und anstelle des Estragons Minze nehmen. Mit einem Klacks Crème fraîche kann man das Chutney auf dünnen Baguettescheiben als Appetizer reichen. Kann gut über längere Zeit im Kühlschrank aufbewahrt werden.

ZUTATEN

350 g Honigmelone (500 g brutto)
½ Knoblauchzehe
½ kleine Chilischote
2 EL kaltgepresstes Olivenöl
½ TL Currypulver
100 ml frisch gepresster Orangensaft
4 EL trockener Weißwein
2 EL Portwein
3 EL Balsamico-Essig
Salz
½ Salatgurke (100 g) mit Schale
1 Zweig Estragon

KÄSEKNÖDEL IM WIRSINGBLATT MIT KRESSE

Die Wirsingblätter in Salzwasser blanchieren und mit kaltem Wasser abschrecken. Zum Abtrocknen auf ein Küchentuch legen. Das Weißbrot in kleine Würfel schneiden, mit der kalten Milch übergießen. Den Lauch waschen und klein schneiden. Die Zwiebeln schälen und etwa 40 g in Würfel und 120 g in Scheiben schneiden. Zwiebelwürfel und Lauch in 2 EL Butter leicht anschwitzen, mit Salz und Pfeffer abschmecken und zu dem eingeweichten Brot geben. 1 Ei aufschlagen und unterrühren. Aus dem anderen Ei ein nicht zu festes Rührei (mit Salz und Pfeffer abschmecken) herstellen und zugeben. Den Käse sehr klein schneiden und ebenfalls zugeben. Alles zu einer Knödelmasse mischen und mit Salz und Pfeffer abschmecken.

Die Wirsingblätter auf ein Brett legen, die Hauptrippe mit einem scharfen Messer herausschneiden. Jedes Wirsingblatt in eine mittelgroße Schöpfkelle geben und die Knödelmasse hineindrücken. Das Blatt oben übereinander schlagen, so dass keine Knödelmasse mehr zu sehen ist. Den Knödel in die Hand nehmen und eventuelle Feuchtigkeit leicht ausdrücken.

Die Zwiebelscheiben in der restlichen Butter anschwitzen. Mit dem Gemüsesud aufgießen, die Wirsingbällchen einlegen und alles abgedeckt auf kleiner Flamme 15 Minuten sanft kochen lassen. Die Wirsingbällchen mit der Schaumkelle herausnehmen, mit geriebenem Parmesan bestreuen und im Ofen kurz gratinieren.

Die Gartenkresse waschen, abschneiden und die fertigen Knödel damit bestreuen.

ZUTATEN

5 – 8 große Wirsingblätter
150 g klein geschnittenes, etwas älteres Weißbrot
100 ml Milch
1 Stange Lauch
2 – 3 mittelgroße Zwiebeln (160 g)
4 EL Butter (80 g)
Salz, Pfeffer
2 Eier
70 g Gorgonzola
30 g Schmelzkäse (oder Scheibletten)
200 ml Gemüsesud (Rezept Seite 18)
3 EL geriebener Parmesan
1 Kästchen Gartenkresse

Castillo
Castillo

GEFÜLLTE GEBACKENE MANGOLDSTIELE MIT DIP

Den Speisequark durch ein Sieb streichen. Den Mangold waschen und die Blätter von den Stielen streifen. Die Stiele abziehen und in breite, 10 cm lange Stücke schneiden (Stiele längs teilen, wenn sie sehr dick sind). 2 bis 3 Minuten in reichlich Salzwasser kochen, so dass sie noch Biss haben. Mit kaltem Wasser abschrecken und mit einer Schaumkelle zum Abtrocknen auf ein Küchentuch legen.

Die Mangoldblätter 1 Minute in reichlich kochendes Salzwasser geben. Herausnehmen, abtropfen lassen, vorsichtig ausdrücken und sehr fein hacken. 3 Schalotten schälen, fein würfeln, in der Butter glasig anschwitzen, die Mangoldblätter zugeben und gar dünsten. Mit dem Speisequark vermengen und mit Salz, Pfeffer und geriebener Muskatnuss abschmecken. Die Mangoldstiele mit der Masse bestreichen und 1 Stunde in den Kühlschrank stellen.

Für den Ausbackteig Mehl, Speisestärke und Salz in einer Schüssel mischen. Nach und nach das Wasser und das vorher verquirlte Eigelb einrühren. Den Teig 1 Stunde in den Kühlschrank stellen. Für den Tomaten-Rosinen-Dip die Tomaten kurz in kochendes Wasser legen, herausnehmen, enthäuten und vierteln. Wen die Kerne stören, kann sie herauskratzen; in jedem Fall muss der Saft der Tomate aufgefangen werden. Die Schalotten und Knoblauchzehe schälen, grob würfeln und in 5 EL Olivenöl anschwitzen. Die Tomaten mit den Kapern, dem Gemüsesud, dem Balsamico-Essig dazugeben und schmoren, bis die Tomaten weich sind.

Die Mischung etwas abkühlen lassen. Mit dem Stabmixer pürieren, dabei nach und nach 3 bis 4 EL Olivenöl einlaufen lassen. Eventuell noch mit etwas Salz abschmecken. Durch ein Sieb streichen. Pinienkerne und Rosinen grob hacken und unter den Dip mischen. Aufgefangenen Tomatensaft hinzufügen. Eventuell mit Zucker abschmecken.

Das Pflanzenöl zum Frittieren erhitzen. Den Ausbackteig direkt neben die Pfanne stellen. Die Mangoldstiele mit einem Löffel durch den Ausbackteig ziehen und im heißen Öl goldgelb ausbacken. Mit einer Schaumkelle herausnehmen. Zum Entfetten auf eine dicke Lage Küchenkrepp legen. Noch heiß mit dem Tomaten-Rosinen-Dip servieren.

PS Viel Arbeit, aber der Aufwand lohnt sich.

ZUTATEN

80 g Speisequark, 40 %
500 g Mangold
5 Schalotten
15 g Butter
Salz, weißer Pfeffer
geriebene Muskatnuss
150 g Mehl
4 g Speisestärke

200 ml eiskaltes Wasser
1 Eigelb
350 g Tomaten
1 Knoblauchzehe
8 EL Olivenöl
1 TL Kapern
4 EL Gemüsesud
(Rezept Seite 18)

3 EL Balsamico-Essig
(nach Geschmack auch mehr)
20 g Pinienkerne
20 g kernlose Rosinen
Pflanzenöl zum Frittieren

GEFÜLLTE GEBACKENE MANGOLDSTIELE MIT DIP

KARTOFFEL-ZWIEBEL-OMELETT

Das Öl erhitzen, die Zwiebelwürfel mit dem Lorbeerblatt hellbraun braten, salzen und pfeffern. Aus der Pfanne nehmen und auf Küchenkrepp entfetten lassen. In reichlich Öl mit 1 EL Butter die Kartoffeln mit den in der Schale angedrückten Knoblauchzehen und dem Majoranzweig goldgelb braten. Herausnehmen und auf Küchenkrepp entfetten.

Eier, Sahne, Salz und Cayennepfeffer in einer Schüssel verquirlen; die Zwiebeln und Kartoffeln zugeben.

In einer versiegelten Pfanne 1 EL Butter und 2 EL Öl erhitzen und darin die Masse zum Stocken bringen. Mit dem Käse bestreuen und die Pfanne kurz unter den stark erhitzten Grill stellen, so dass der Käse schmilzt. Bei Pfannen mit empfindlichem Stiel kann man die Backofentür offen lassen.

ZUTATEN

Olivenöl zum Braten

2 größere Zwiebeln, in Würfel geschnitten (etwa 100 g)

1 Lorbeerblatt

Salz, Pfeffer

2 EL Butter

4 Kartoffeln, in Würfel geschnitten (etwa 350 g)

3 Knoblauchzehen

1 Zweig Majoran

6 Eier

50 g Sahne

Cayennepfeffer

100 g junger Gouda, gerieben

KARTOFFELFLADEN MIT RUCOLA-FRISCHKÄSE

Das Mehl mit dem Püreepulver und dem Salz mischen. Die Kartoffeln schälen, würfeln und mit Küchenkrepp trockentupfen. In einer Pfanne mit etwa 1 EL Öl und dem Rosmarinzweig bei geringer Temperatur etwa 15 Minuten kross braten. Auf Küchenkrepp abfetten lassen.

Die zerbröckelte Hefe in handwarmem Wasser auflösen und das Gemisch langsam zu den anderen Teigzutaten gießen. Mit den Knethaken eines Handrührgerätes 5 Minuten zu einem glatten Teig schlagen. Die abgekühlten Kartoffelwürfel unterarbeiten. Den Teig mit bemehlten Händen noch einmal von Hand durchkneten, zu einer Kugel formen und in eine bemehlte Schüssel geben. Abdecken und an einem warmen Ort etwa 20 Minuten gehen lassen, bis der Teig sein Volumen fast verdoppelt hat.

Die Teigkugel nochmals durchkneten und auf einem geölten und bemehlten Blech zu einem fingerdicken Fladen ausrollen. Mit dem Finger auf der gesamten Fläche kleine Mulden eindrücken. Weitere 20 Minuten gehen lassen und im vorgeheizten Backofen bei 200 °C (180 °C Heißluft) 30 bis 35 Minuten goldbraun backen. Aus dem Ofen nehmen, mit etwas Olivenöl beträufeln und je nach Geschmack mit grobem Meersalz bestreuen.

Die Rucola waschen und fein hacken. Quark, Frischkäse, Sahne, Meerrettich, Salz und Pfeffer mischen und die Rucola unterrühren.

ZUTATEN FÜR EIN BLECH

500 g Mehl Type 405
150 g Kartoffelpüreepulver
1 TL Salz
2 mittelgroße Kartoffeln (200 g)
Olivenöl
1 Rosmarinzweig
1 Würfel Hefe (42 g)
1/2 l Wasser
grobes Meersalz

100 g Rucola
125 g Quark, 20%
100 g Frischkäse, vorzugsweise Ziegenfrischkäse
50 g Sahne
1 TL geriebener Meerrettich (frisch oder aus dem Glas)
Salz, Pfeffer
Mehl für die Arbeitsfläche

Meerrettich
Karotten
W. Kraut
Frühlingszwiebel
runde Zucchini
große Paprika

GEFÜLLTE TOMATEN

Den Backofen auf 200 °C (Heißluft 180 °C) vorheizen. Die Tomaten waschen, einen Deckel abschneiden und das Innere mit einem Löffel herausholen. Die Tomaten umdrehen, abtropfen lassen und in eine Auflaufform stellen; salzen und pfeffern.

Den Staudensellerie putzen, waschen und in feine Würfel schneiden. Die Frühlingszwiebeln waschen, putzen und klein schneiden. Den Knoblauch schälen und fein hacken. Beides in einem Topf mit 2 EL Olivenöl glasig andünsten. Reisnudeln und Staudensellerie zugeben, von dem Gemüsesud nach und nach so viel auffüllen, um die Reisnudeln al dente zu kochen.

Die Champignons und Zucchini waschen, in kleine Stücke schneiden und in 4 EL Olivenöl anschwitzen, salzen und pfeffern. Die Petersilie waschen, die Blättchen abzupfen und mit den angeschwitzten Champignons und Zucchini unter die Reisnudeln mischen. Den Feta-Käse würfeln und zufügen, mit Salz und Pfeffer abschmecken. Die Füllung in die Tomaten einfüllen und im vorgeheizten Backofen 40 bis 50 Minuten backen.

Die Tomaten etwa 5 Minuten vor Ende der Backzeit mit Semmelbröseln und gehackten Kräutern bestreuen und im Backofen bis zum Ende der Backzeit leicht gratinieren.

PS Wenn die Tomaten zu groß sind, reicht die Füllung nicht.

ZUTATEN

12 mittelgroße Tomaten
Salz, Pfeffer
1 Staudensellerie (50 g)
2 – 3 Frühlingszwiebeln (150 g)
1 Knoblauchzehe
6 EL Olivenöl
200 g Reisnudeln
ca. 500 ml Gemüsesud (Rezept Seite 18)
200 g Champignons
1 mittelgroße Zucchini (150 g)
1 Bund Petersilie
100 g Schafskäse (Feta)
2 geh. EL Semmelbröseln (40 g)
2 EL gehackte Kräuter
(Thymian, Koriander, Basilikum)

GEMÜSETEMPURA MIT SCHALOTTENSAUCE

Die Shiitake-Pilze putzen und je nach Größe halbieren. Karotten schälen, der Länge nach vierteln und in mundgerechte Stücke schneiden. Die Röschen von Blumenkohl und Brokkoli abtrennen. Paprika waschen, entkernen und der Länge nach in Streifen schneiden. Vom Baby-Mais den Strunk entfernen und halbieren. Blumenkohl, Brokkoli, Karotten und Baby-Mais in kochendem Salzwasser etwa 4 Minuten bissfest garen, in eiskaltem Wasser abschrecken und in einem Sieb gut abtropfen lassen.

Für die Sauce die Schalotten und Knoblauchzehe schälen und in kleine Würfel schneiden. Das Erdnussöl erhitzen, Zwiebel- und Knoblauchwürfel zugeben und glasig dünsten. Mit Portwein ablöschen und etwa 10 Minuten bei geringer Temperatur sämig einkochen lassen. Mit 2 EL Essig, 2 EL Sojasauce und 1 Prise Zucker würzen.

Das Tempuramehl mit eiskaltem Wasser zu einem glatten Teig verrühren. 1 TL Essig, 1 EL Sojasauce und 2 EL Öl unterrühren. Den Tempurateig etwa 20 Minuten quellen lassen. Das Öl in einem Topf oder einer Fritteuse erhitzen, das Gemüse mit Hilfe einer Gabel durch den Teig ziehen, etwas abtropfen lassen und in heißem Fett nacheinander goldbraun frittieren. Das Gemüse auf Küchenkrepp entfetten und mit der leicht abgekühlten Schalottensauce servieren.

PS Als weiteres Gemüse eignen sich außerdem Champignons, Austernpilze, Süßkartoffeln, Kürbis und Zwiebeln. Viel Arbeit, aber der Aufwand lohnt sich!

ZUTATEN

50 g Shiitake-Pilze
2 Karotten (150 g)
1 kleiner Blumenkohl (150 g)
1 kleiner Brokkoli (150 g)
1/2 rote Paprikaschote
1/2 gelbe Paprikaschote
1 Päckchen Baby-Maiskolben

Salz
4 Schalotten
1 Knoblauchzehe
2 EL Erdnussöl
1/4 l weißer Portwein
Weißweinessig
Sojasauce

Zucker
100 g Tempuramehl
(in Asialäden erhältlich)
150 ml eiskaltes Wasser
2 EL Pflanzenöl
Öl zum Frittieren

GESCHMORTE FRÜHLINGSZWIEBELN UND AUSTERNPILZE

Die Frühlingszwiebeln waschen und putzen und in etwa 3 cm lange Stücke schneiden. Wenn die Köpfe sehr dick sind, vorher halbieren oder vierteln.

Die Austernpilze putzen (nicht waschen) und in mundgerechte Stücke schneiden.

Das Olivenöl in einer Pfanne erhitzen: zuerst die Frühlingszwiebeln und dann die Austernpilze darin scharf anbraten, damit beide leicht bräunen. Danach die Hitze reduzieren und alles in etwa 5 bis 7 Minuten bissfest garen. Mit Salz und Pfeffer abschmecken und mit dem Essig ablöschen.

PS Schmeckt lauwarm am besten, kann aber auch warm oder kalt gegessen werden.

ZUTATEN

4–5 Bund Frühlingszwiebeln

500 g Austernpilze

6–8 EL Olivenöl

Salz, Pfeffer

4–5 EL weißer Balsamico-Essig oder Weißweinessig

AUBERGINEN-TATAR

Den Backofen auf 220 °C (Heißluft 200 °C) vorheizen. Die Auberginen waschen und halbieren. Die Kerne entfernen, sie können das Tatar leicht bitter machen. Die Auberginen ungeschält in größere Stücke schneiden. Die Kapern klein hacken, die Oliven entkernen, den Knoblauch schälen, beides klein schneiden. Die Basilikumblätter waschen.

Auberginen, Kapern, Knoblauch, Oliven, Basilikum, Essig, Öl und Honig vermischen und mit Salz und Pfeffer abschmecken. In eine mit Alufolie verschlossene Auflaufform geben und im vorgeheizten Backofen 1 Stunde schmoren. Herausnehmen, abkühlen lassen und fein hacken. Falls zu säuerlich, mit etwas Honig nachsüßen.

Auf geröstete mundgerechte Schwarzbrotscheiben streichen und als Häppchen zum Apéritif reichen.

PS Alle, die eine Variante mit Fisch bevorzugen, können dem Tatar 1 entsalzene, fein gehackte Sardelle zufügen.

ZUTATEN

400 g Auberginen
1 EL Kapern (20 g)
10 g grüne Oliven mit Kern
1 Knoblauchzehe
5 Basilikumblätter
5–6 EL Balsamico-Essig (am besten je zur Hälfte dunkler und heller)
2–3 EL Olivenöl (30 ml)
1 EL Honig
Salz, Pfeffer

BROKKOLI-FLAN MIT BUTTER UND PARMESAN

Den Backofen auf 200 °C (Heißluft 180 °C) vorheizen. Den Brokkoli waschen und die Röschen vom Strunk lösen. Den Strunk schälen, klein schneiden und in gesalzenem Wasser weich kochen. Die Röschen ebenfalls in gesalzenem Wasser ziemlich weich kochen. Strunk und Röschen herausnehmen und abtropfen lassen. Alle Strünke und einen Teil der Röschen auf 760 g abwiegen und zusammen mit den Eiern und der Sahne in einer Küchenmaschine pürieren. Mit Salz, Pfeffer und Muskatnuss abschmecken.

Die Masse in 6 kleine, ausgebutterte Auflaufförmchen füllen. 1 Blatt Papier (Zeitung) zu mehreren Lagen falten und an den Seiten einreißen. Den Boden eines Bräters oder einer feuerfesten Form damit bedecken und mit kochendem Wasser auffüllen. Die Förmchen in das Wasser stellen – es soll nicht höher sein als ein Viertel der Höhe der Förmchen. Das Wasser auf dem Herd zum Kochen bringen. Danach den Bräter bzw. die feuerfeste Form in den vorgeheizten Backofen stellen und die Flans im Wasserbad etwa 30 Minuten lang garen lassen.

Die restlichen Brokkoli-Röschen in etwas Butter kurz anbraten. Die fertigen Brokkoli-Flans auf einen tiefen, heißen Teller stürzen, die Brokkoli-Röschen außen herum legen und über alles frischen Parmesan hobeln oder in Butter geschmolzene Semmelbröseln streuen.

ZUTATEN

2 Brokkoli (etwa 1 kg)
2 Eier
80 g Sahne
Salz, weißer Pfeffer
Muskatnuss
Butter zum Ausbuttern der Förmchen
frischer Parmesan, gehobelt

SALATE

AVOCADO-BIRNEN-SALAT

WINTERLICHER SALAT MIT DATTELN

Den Feldsalat verlesen und mehrfach gründlich waschen, dann trockenschleudern. Den Fenchel halbieren, den Strunk keilförmig herausschneiden, die Hälfte in dünne Scheiben schneiden und das Fenchelgrün fein hacken. Den Chicorée halbieren, den Strunk herausschneiden, die Blätter waschen und in 1 bis 2 cm große Streifen schneiden. Die Datteln entkernen und in kleine Würfel schneiden. Grapefruit und Orangen filetieren, dabei den Saft auffangen. Die Mandeln in einer kleinen Pfanne ohne Fett bei schwacher Hitze anrösten. Die Avocado halbieren, den Kern auslösen, das Fruchtfleisch stückchenweise herauslöffeln.

Von der Orange und der Zitrone jeweils etwa 2 EL Schale abreiben (Zesten), dann die Früchte auspressen. Orangen- und Zitronenzesten mit dem Saft von 1 Orange und ½ Zitrone sowie dem beim Filetieren aufgefangenen Saft und dem Olivenöl, Essig, Senf, Honig, klein geschnittenen Schnittlauch sowie Salz und Pfeffer zu einer Vinaigrette mischen. Den Salat vorsichtig mit der Vinaigrette mischen.

ZUTATEN

100 g Feldsalat (2 Hand voll)
1 kleine Fenchelknolle mit etwas frischem Grün
2 mittelgroße Chicorée
6 frische Datteln
1 rosa Grapefruit
1 Orange
3 – 4 EL gestiftelte Mandeln
1 kleine reife Avocado

1 unbehandelte Orange
1 unbehandelte Zitrone
6 EL Olivenöl
1 EL Weißweinessig
1 EL Rôtisseur-Senf (grobkörniger Senf)
2 EL Honig
2 EL Schnittlauchröllchen
Salz, Pfeffer

ROMANASALAT MIT BUTTERCROÛTONS UND ZWIEBEL-SENF-VINAIGRETTE

Das Toastbrot entrinden und in zentimetergroße Würfel schneiden. Die Butter in einer versiegelten Pfanne erhitzen und das Toastbrot darin von allen Seiten goldbraun braten, leicht salzen und auf Küchenkrepp auskühlen lassen. Den Romana-Salat vom groben Strunk befreien, in 2 cm breite Streifen schneiden, waschen und trockenschleudern.

Das Olivenöl tröpfchenweise mit einem Schneebesen zum Senf rühren, Joghurt zugeben, mit Zitronensaft und Parmesan verfeinern, mit Salz, Pfeffer und 1 Prise Zucker abschmecken. Die Zwiebeln schälen und in hauchdünne Scheiben schneiden.

Romana-Salat, Zwiebeln und Vinaigrette vermengen, mit den Kräutern bestreuen und portionsweise auf Tellern verteilen. Mit den gebratenen Brotwürfeln bestreuen.

ZUTATEN

4 Scheiben Toastbrot
2 EL Butter (40 g)
1 mittelgroßer Romana-Salat (etwa 500 g)
5 EL Olivenöl
2 TL Dijon-Senf
2 EL Joghurt
2 TL frisch gepresster Zitronensaft
40 g geriebener Parmesan
Salz, schwarzer Pfeffer
Zucker
2 mittelgroße rote Zwiebeln
1 EL fein gehackter frischer Koriander
1 EL fein gehackte glatte Petersilie

RADICCHIOSALAT MIT LAUWARMER LINSENVINAIGRETTE

Den Radicchio vom Strunk schneiden, die Blätter waschen und in 2 Liter Wasser mit 4 EL Zucker etwa 1 Stunde einweichen lassen. Danach das Wasser abgießen.

Die Berglinsen in Salzwasser etwa 25 Minuten weich kochen, dann abgießen.

Die Schalotten schälen, waschen und in dünne Scheiben schneiden. Mit Olivenöl anschwitzen und mit 5 EL Wasser und 3 EL Rotweinessig ablöschen, zuckern, mit Salz und Pfeffer würzen und von der Herdplatte nehmen. Die Linsen mit der Vinaigrette vermischen.

Die Mandeln längs halbieren und mit 3 EL Schnittlauch zum Radicchio geben. Dann die lauwarme Linsenvinaigrette darüber geben und mit Salz und schwarzem Pfeffer abschmecken.

ZUTATEN

2 Radicchio (die längliche Form heißt Trevisana)
4 EL Zucker
60 g Berglinsen (klein und grün)
3 mittelgroße Schalotten
60 ml Olivenöl
5 EL Wasser
3 EL Rotweinessig
Salz, Pfeffer
60 g ungesalzene Mandeln (Reformhaus)
3 EL Schnittlauch (geschnitten)

RADICCHIOSALAT MIT LAUWARMER LINSENVINAIGRETTE

GEMÜSESALAT MIT EI

Die Eier hart kochen, abschrecken, pellen und dann kalt stellen, danach würfeln. Die Gurke schälen, in Würfel schneiden, leicht salzen, 10 Minuten stehen lassen und die entstandene Flüssigkeit abgießen.

Alle Gemüse putzen, waschen und in kleine Würfel schneiden. Paprika und Staudensellerie roh lassen. Kohlrabi, Mairübe zusammen in Salzwasser weich kochen. Die Bohnen ebenfalls kochen, bis sie weich sind, und dann kalt abschrecken. Die Kapern hacken und mit den Gemüsen mischen. Mit Salz und Pfeffer abschmecken.

Die Mayonnaise mit Frischkäse, Essig und Öl verrühren und den Salat damit anmachen. Die Kopfsalatherzen mit einer Vinaigrette aus 1 TL Olivenöl, 1 TL Balsamico-Essig, Pfeffer und Salz beträufeln. Den Gemüsesalat auf den Kopfsalatherzen anrichten, mit den frisch geschnittenen Gartenkräutern bestreuen und den Eierwürfeln garnieren.

ZUTATEN

2 Eier
1 kleine Gurke
Salz
1 gelbe Paprikaschote
1 Stange Staudensellerie (40 g)
1 kleiner Kohlrabi
1 Mairübe
200 g grüne Bohnen
2 EL Kapern
Salz, Pfeffer
4 EL Mayonnaise (Rezept Seite 21)
2 EL Frischkäse
2 Spritzer Essig
2 EL Öl
1 TL Balsamico-Essig
Kopfsalatherzen
Petersilie, Schnittlauch, Kresse
o. a. Kräuter der Saison

CHICORÉE-SALAT MIT ROQUEFORT

Den Roquefort mit der Sauren Sahne glatt rühren. Die Birne und Rote Bete in Würfel schneiden. Den Chicorée putzen, Strunk entfernen, die Blätter zerteilen und diese in lauwarmes Wasser legen.

Senf, Rotweinessig, Olivenöl, Sonnenblumenöl und das Wasser verrühren und mit Salz, Pfeffer und 1 Prise Zucker abschmecken.

Den Chicorée aus dem Wasser nehmen und mit Küchenkrepp trockentupfen. In einer Schüssel die Chicoréeblätter mit der Vinaigrette vermischen und kurz darin ziehen lassen.

Zwei Drittel der Roquefort-Sauce auf 4 Teller verteilen. Den marinierten Chicorée auf den Tellern anrichten, Birnenwürfel, gehackte Nüsse und Rote-Bete-Würfel auf dem Chicorée verteilen und mit der restlichen Roquefort-Sauce beträufeln.

ZUTATEN

80 g Roquefort
4 EL Saure Sahne
1 Birne
1 Rote-Bete-Kugel (aus dem Glas)
2 Chicorée
2 TL Dijon-Senf
4 EL Rotweinessig
4 EL Olivenöl
4 EL Sonnenblumenöl
4 EL Wasser
Salz, Pfeffer
Zucker
6 EL gehackte Walnüsse

KARTOFFEL-ZUCCHINI-SALAT MIT OLIVEN UND KAPERN

Die Kartoffeln waschen und in der Schale in reichlich Salzwasser kochen. Die Tomaten überbrühen, kalt abschrecken, enthäuten, vierteln, in kleine Würfel schneiden und die ausgetretene Flüssigkeit abgießen.

Die Knoblauchzehen und Schalotten schälen, fein hacken, in Olivenöl anschwitzen, mit Rotweinessig ablöschen und mit ¼ Liter Wasser begießen. Mit Salz und Pfeffer abschmecken und 5 Minuten sanft kochen lassen. Die Kartoffeln abgießen, heiß schälen und in feine Scheiben schneiden. Die heiße Marinade über die Kartoffeln gießen.

Die Oliven entkernen und in feine Stifte schneiden, die Kapern grob hacken. Das Basilikum waschen, die Blätter von den Stielen zupfen und fein schneiden. Die Zucchini waschen, in feine Scheiben hobeln und alle Zutaten zu dem Kartoffelsalat geben. Vorsichtig untermischen.

WICHTIG Den Salat vor dem Servieren 5 bis 10 Minuten ziehen lassen.

ZUTATEN

500 g fest kochende Kartoffeln
400 g Tomaten
2 Knoblauchzehen
200 g Schalotten
100 ml Olivenöl
6 EL Rotweinessig
¼ l Wasser
Salz, Pfeffer
10 grüne Oliven
1 geh. EL Kapern
½ Bund Basilikum
1 mittelgroße Zucchini

KARTOFFEL-ZUCCHINI-SALAT MIT OLIVEN UND KAPERN

AVOCADO-BIRNEN-SALAT

In einer kleinen versiegelten Pfanne die Pinienkerne ohne Fett hellbraun rösten. Avocados und Birnen schälen, halbieren und entkernen. Die Früchte vierteln, in schmale Streifen schneiden, im Wechsel auf einem Teller anrichten und mit Limettensaft und Olivenöl beträufeln.

Den Parmesan zu hauchdünnen Scheiben oder Spänen reiben und mit den Pinienkernen über den Salat streuen. Mit Salz und Pfeffer würzen.

PS Dieser Salat schmeckt nur dann gut, wenn Avocados und Birnen wirklich reif sind.

ZUTATEN

2 EL Pinienkerne
2 reife Avocados
2 reife Birnen
3 Limetten
Olivenöl
75 g Parmesan
Salz, Pfeffer

GRÜNER COUSCOUS-SALAT

Die Gurke waschen, schälen und längs halbieren. Mit einem Teelöffel die Kerne herausschaben und das Fruchtfleisch fein würfeln. Die Minze waschen und die Blätter sehr fein hacken.

Den Gemüsesud mit 1 EL Öl aufkochen. Den Couscous einstreuen und den Topf vom Herd nehmen. Den Couscous zugedeckt 5 bis 10 Minuten aufquellen lassen.

Aus Orangensaft, Öl, Essig, Kreuzkümmel und Zucker eine Vinaigrette rühren, Knoblauch und Chili fein hacken, dazugeben und mit Salz und Pfeffer abschmecken. Den Couscous vorsichtig mit einer Gabel auflockern. Gurkenwürfel, Minze und die Hälfte der Vinaigrette vorsichtig unter den Couscous heben.

Den Fenchel waschen, halbieren, den Strunk entfernen und die Knolle in hauchdünne Streifen schneiden. Die Orange schälen, filetieren und die Filets klein schneiden. Das Koriandergrün klein hacken. Alles mit der restlichen Vinaigrette mischen. Die Zwiebel in feine Ringe schneiden.

Zum Servieren den Fenchel-Orangen-Salat portionsweise auf die Teller verteilen. Den Couscous darauf verteilen und mit Zwiebelringen dekorieren. Mit Joghurt, der mit Salz und Cayennepfeffer gewürzt wurde, anrichten.

ZUTATEN

1 mittelgroße Salatgurke (300 g)
½ Bund frische Minze
200 ml Gemüsesud (Rezept Seite 18)
80 ml Pflanzenöl
150 g Couscous
100 ml Orangensaft, frisch gepresst
4 EL Weißweinessig
1 TL gemahlener Kreuzkümmel/Cumin
1 Prise Zucker
1–2 Knoblauchzehen, je nach Größe
1 frische oder 1–2 getr. Chilischoten
Salz, Pfeffer
1 mittelgroßer Knollenfenchel
1 Orange
¼ Bund frischer Koriander
1 kleine rote Zwiebel
1 Joghurt (möglichst griech. Joghurt, 10 %)
Cayennepfeffer

SUPPEN

WASSERMELONEN-TOMATENSUPPE MIT MOZZARELLA UND PARMESAN

Wassermelone und ungeschälte, gewaschene Tomaten in grobe Stücke schneiden. Mit 100 ml Olivenöl, 30 Basilikumblättern, 2 geschälten Knoblauchzehen und 2 EL Rotweinessig in ein Gefäß geben, mit dem Stabmixer pürieren und durch ein feines Sieb streichen. Dann mit Salz, Pfeffer und Cayennepfeffer pikant abschmecken.

Den Mozzarella fein würfeln. Die Cocktailtomaten kurz in kochendes Wasser tauchen. Wenn sich die Haut wellt, herausnehmen und sofort kalt abschrecken. Die Tomaten enthäuten und halbieren. Die Pinienkerne einige Sekunden ohne Fett goldgelb anrösten. Das restliche Basilikum fein schneiden. Mozzarella, Cocktailtomaten, Pinienkerne und Basilikum mit dem restlichen Olivenöl, Salz und Pfeffer bedecken und kurz stehen lassen.

Die kalte Suppe in Tellern anrichten, die Einlage mit der Schaumkelle aus der Marinade nehmen und auf die Suppe geben. Die Suppe mit gehobeltem Parmesan bestreuen.

ZUTATEN

700 g Wassermelone, ohne Schale und Kerne
1 kg Tomaten
150 ml Olivenöl
2 Bund Basilikumblätter
2 Knoblauchzehen
2 EL Rotweinessig
Salz, Pfeffer
Cayennepfeffer
1 Mozzarella (150 g)
16 Cocktailtomaten
30 g Pinienkerne
etwas Parmesan

WASSERMELONEN-TOMATENSUPPE MIT MOZZARELLA UND PARMESAN

GERÖSTETE GRIESS-SUPPE MIT GEBRATENEN ZWIEBELN

1 EL Butter im Topf erhitzen, den Grieß zugeben und 5 Minuten bei geringer Temperatur rösten. Den Gemüsesud mit der Milch vermischen. Mit ¼ Liter der Flüssigkeit den Grieß ablöschen. 1 Zwiebel schälen und mit dem Lorbeerblatt und der Nelke spicken. Die Suppe einmal aufkochen lassen, die restliche Flüssigkeit und die gespickte Zwiebel zugeben und 20 Minuten auf kleiner Flamme sanft kochen.

Die beiden anderen Zwiebeln schälen, in hauchdünne Scheiben schneiden, mit dem gut vermischten Tempuramehl und Paprikapulver bestäuben; gut vermischen und in 1 EL heißer Butter langsam goldbraun braten. Herausnehmen, auf Küchenkrepp entfetten und leicht salzen.

In die Suppe die leicht geschlagene sowie die flüssige Sahne unterrühren. Mit Salz, Pfeffer, Muskatnuss und Cayennepfeffer pikant abschmecken. Den Schnittlauch waschen und in feine Röllchen schneiden.

Die geröstete Grießsuppe in vorgewärmten Tellern anrichten. Die Zwiebelringe portionsweise darin verteilen und mit frisch geschnittenen Schnittlauchröllchen bestreuen.

ZUTATEN

2 EL Butter
40 g Hartweizengrieß
½ l Gemüsesud (Rezept Seite 18)
½ l Milch
3 mittelgroße Zwiebeln
1 Lorbeerblatt
1 Nelke
1 EL Tempuramehl
(in Asialäden erhältlich,
notfalls einfaches Mehl nehmen)
½ TL Paprikapulver, edelsüß
100 g leicht geschlagene Sahne
100 g flüssige Sahne
Salz, weißer Pfeffer
Muskatnuss
1 Msp. Cayennepfeffer
1 Bund Schnittlauch

ERBSENEINTOPF MIT KARAMELLISIERTEM WURZELGEMÜSE

Petersilienwurzeln, Karotten und Zwiebel schälen und in kleine Würfel schneiden.

Den Zucker mit Wasser zu einem hellen Karamell kochen und mit Essig ablöschen. Zwiebel- und Gemüsewürfel darin kurz anbraten. Erbsen, Grünkern- oder Dinkelflocken, Thymian und Lorbeer mitrösten und mit ¼ l Gemüsebrühe ablöschen. Die restliche Gemüsebrühe nach etwa 5 Minuten zugießen und 45 Minuten bei geringer Temperatur köcheln lassen.

Den Erbseneintopf mit Salz, Pfeffer und frisch geriebener Muskatnuss würzen und mit Sahne und Saurer Sahne verfeinern. Den Schnittlauch waschen und in kleine Röllchen schneiden. Erbseneintopf in vorgewärmte Teller verteilen und mit den Schnittlauchröllchen bestreuen. Am besten schmeckt der Eintopf mit dunklem Bauernbrot mit Frischkäse und klein geschnittenem Schnittlauch.

PS Die Grünkernflocken verleihen dem Eintopf einen interessanten Rauchgeschmack. Der Dinkel gibt ihm eine etwas andere Note: Seine grüngelben, würzigen, unreifen Körner erhalten durchs Schälen und Dörren ihren markanten Geschmack.

ZUTATEN FÜR 4–6 PERSONEN

180 g Petersilienwurzeln
100 g Karotten
50 g Zwiebeln
1 ½ EL Zucker
50 ml Wasser
25 ml Weißweinessig
80 g grüne halbierte Erbsen (Reformhaus)
30 g Grünkern- oder Dinkelflocken
1 Zweig Thymian
1 Lorbeerblatt
1 l Gemüsebrühe
Salz
weißer Pfeffer aus der Mühle
Muskat
200 ml Sahne
100 g Saure Sahne
1 Bund Schnittlauch

WEISSKOHL-CURRY-SÜPPCHEN

Für den Kohlsud die Schalotten sowie Strunk und Stiele des Weißkohls im Öl anschwitzen. 1 TL Ingwer, Curry und Meersalz zugeben und mit dem Gemüsesud aufgießen. Ungefähr 45 Minuten kochen und dabei auf etwa 250 ml einreduzieren lassen. Durch ein Sieb abgießen.

Für die Suppe die Weißkohlblätter und Frühlingszwiebeln klein schneiden und in der Butter anschwitzen. Mit Salz, Pfeffer und ½ TL Ingwer abschmecken. Mit Weißwein ablöschen. Den Apfelsaft zusammen mit dem Kohlsud und dem Zitronengras zugeben. So lange kochen, bis der Kohl weich ist. Die Mangos schälen, in Würfel schneiden und dazugeben. Mit Salz und Cayennepfeffer abschmecken und mit gehacktem Koriandergrün verfeinern.

ZUTATEN

1 kleiner Weißkohl
2 mittelgroße Schalotten
50 ml Sonnenblumenöl
1 ½ TL Ingwerpulver
2 Msp. Currypulver
Meersalz
¾ l Gemüsesud (Rezept Seite 18)
2 Frühlingszwiebeln
3 EL Butter (70 g)

Salz, weißer Pfeffer
80 ml Weißwein
300 ml naturtrüber Apfelsaft
½ Stange frisches oder gefriergetr. Zitronengras
2 Mangos
Cayennepfeffer
1 Zweig Koriandergrün

KOKOS-CURRYSÜPPCHEN

Die Fenchelknolle putzen, den Strunk entfernen und ein Drittel der Fenchelknolle für die Suppeneinlage beiseite legen. Den Rest und die geschälten Zwiebeln grob zerschneiden. Den Knoblauch schälen und pressen. Den Ingwer schälen und halbieren. Eine Hälfte ebenfalls für die Einlage zur Seite legen. Zwiebeln, Knoblauch und Fenchel in 3 EL heißem Sesamöl kurz andünsten. Eine Ingwerhälfte vierteln und mit dem Zitronengras zum Gemüse geben, dann den Gemüsesud und die Kokoscreme einrühren. Mit Salz, Chili- und etwas Currypulver würzen und zugedeckt 45 Minuten sanft kochen lassen. Dann durch ein Sieb gießen.

Die Schalotten schälen, den Sellerie und die Frühlingszwiebeln putzen. Von den Frühlingszwiebeln nur das Weiße verwenden und in 5 mm dicke Ringe schneiden. Schalotten, Sellerie und den zurückbehaltenen Fenchel in kleine Würfel schneiden. Die Orange schälen, die Filets aus den Trennhäuten lösen und quer halbieren, den dabei abgetropften Saft aufheben. Die zweite Ingwerhälfte sehr fein hacken. Das Gemüse in 2 EL heißem Öl kurz anschwitzen, 1 EL Currypulver zugeben und etwas anrösten, 1 EL Honig, die Orangenfilets und den Ingwer zufügen. Mit Salz und Cayennepfeffer würzen, mit der Kokos-Gemüse-Flüssigkeit aufgießen und die Suppe etwa 10 Minuten auf kleiner Flamme kochen. Zuletzt den Estragon und den aufgefangenen Orangensaft zugeben.

PS Ganz nach Gusto kann man diese exotische Suppe am Schluss noch mit einigen Spritzern Limettensaft, eventuell auch noch mit süßer Sahne abschmecken.

ZUTATEN

- 1 Fenchelknolle (etwa 300 g)
- 2–3 Zwiebeln (etwa 120 g), wenn möglich weiße
- 2 Knoblauchzehen
- 1 Stück Ingwer (2 cm)
- 5 EL Sesamöl
- 1 kleine Stange oder 1 TL gefr. Zitronengras
- 600 ml Gemüsesud (Rezept Seite 18)
- 1 Dose Kokoscreme (400 g)
- Salz
- Chilipulver
- Currypulver
- 2 Schalotten
- 1 Stange Staudensellerie (100 g)
- 2 Frühlingszwiebeln
- 1 kleine Orange
- 1 EL Honig
- Cayennepfeffer
- 1 Msp. getrockneter Estragon

KÜRBISSUPPE

Den Kürbis schälen, die Samen entfernen, das Fruchtfleisch grob raspeln, salzen und zugedeckt 30 Minuten ziehen lassen.

Zwiebeln, Knoblauch, Möhren und Sellerie schälen und fein würfeln. Die Paprika waschen und ebenfalls würfeln. In einem Topf 2 EL Butter zerlassen, Zwiebeln, Knoblauch, Möhre, Paprika und Sellerie hineingeben und dünsten. Geriebenen Ingwer, Paprikapulver, Curry, Chili, Ingwersirup und Ketchup zugeben, weitere 5 Minuten dünsten. Den Kürbis in einem Sieb über einer Schüssel gut ausdrücken und den Saft auffangen. Das Kürbisfleisch mit dem Gemüse vermischen, etwa 15 Minuten mitdünsten. Kürbissaft und Gemüsesud zugießen, mit Salz und Pfeffer abschmecken. 20 Minuten bei niedriger Hitze sanft kochen.

Die Sahne halbsteif schlagen und mit Kokosmilch und Zucker mischen. Nach und nach in die Suppe einrühren, mit einem Stabmixer pürieren und abschmecken.

Das Graubrot würfeln, in 1 EL Butter rösten und mit 1 Prise Zimt würzen. Die Würfel kurz vor dem Servieren in die Suppe geben.

ZUTATEN

800 g Kürbis, geputzt 500 g
1 mittelgroße, möglichst weiße Zwiebel, gewürfelt
½ Knoblauchzehe, gehackt
1 mittelgroße Möhre
1 Stange Staudensellerie
1 rote Paprikaschote
3 EL Butter
1 EL geriebener Ingwer
1 Msp. Paprikapulver, edelsüß
½ TL Curry
1 Msp. getrocknete, zerbröselte Chilischote
2 EL Ingwersirup (in Asialäden erhältlich)
2 EL Tomatenketchup
1 l Gemüsesud (Rezept Seite 18)
Salz, Pfeffer
120 g Sahne
4 EL Kokosmilch, ungesüßt
1 Prise Zucker
1 Scheibe Graubrot
1 Prise Zimt

RAHMSUPPE VON ERBSEN UND ZUCKERSCHOTEN MIT MINZE

Von der Butter 2 EL abnehmen und zur Seite stellen. Das Toastbrot in kleine Würfel schneiden. In einer Pfanne den anderen Teil der Butter heiß werden lassen und die Brotwürfel darin goldgelb rösten. Die Brotwürfel in ein feines Sieb geben und abtropfen lassen. Das abgetropfte Fett für die Suppe aufheben.

Von den Erbsen 2 EL und von den Zuckerschoten 2 Schoten zur Seite stellen. Zwiebel und Knoblauch schälen und in feine Scheiben schneiden, in die heiße Croûtons-Butter geben und hell andünsten. Erbsen und Zuckerschoten zugeben, mit dem Puderzucker bestäuben und 2 bis 3 Minuten mitdünsten, notfalls noch etwas Butter zugeben. Mit Salz, Pfeffer und frisch geriebener Muskatnuss abschmecken.

½ Liter Gemüsesud aufkochen, zu dem Gemüse in der Pfanne gießen und 10 Minuten sanft kochen. Mit einem Stabmixer pürieren. In einem Topf 2 EL Butter bräunen. Die zur Seite gestellten Erbsen und in feine Streifen geschnittenen Zuckerschoten in der gebräunten Butter kurz andünsten, salzen und pfeffern. Mit 2 EL Gemüsesud ablöschen und 1 bis 2 Minuten dünsten.

Die pürierte Suppe zugießen, Minze und Petersilie waschen, trockentupfen, fein hacken und einstreuen. Einen Klacks halbsteif geschlagene Sahne auf die Suppe geben und mit den Croûtons bestreuen.

ZUTATEN

5 EL Butter (100 g)
2 Scheiben Toastbrot
300 g tiefgefrorene Erbsen
100 g Zuckerschoten
1 weiße Zwiebel
1 Knoblauchzehe
1 Msp. Puderzucker
Salz, Pfeffer
Muskatruss
½ l plus 2 EL Gemüsesud (Rezept Seite 18)
½ Bund Minzeblätter
1 TL Petersilie, gehackt
100 g Sahne

ROTE-BETE-SUPPE

Die Zwiebeln schälen und grob würfeln und in 1 EL Butter anschwitzen. Die abgetropften Rote-Bete-Scheiben dazugeben und mit dem Honig kurz glasieren. Den Gemüsesud und den aufgefangenen Rote-Bete-Saft zugeben und 30 Minuten auf kleiner Flamme kochen. Währenddessen den Apfel schälen, fein würfeln und in 1 EL Butter in etwa 5 Minuten weich garen. Die fertige Rote-Bete-Suppe mit dem Stabmixer pürieren, mit Salz, Pfeffer und gemahlenem Kümmel abschmecken.

Den Sauerrahm mit dem Meerrettich vermischen. Die Suppe auf Teller verteilen. Auf jeden Teller einen Klacks Sauerrahm-Meerrettich-Creme in die Mitte der Suppe geben. Die Apfelwürfel darüber streuen.

ZUTATEN

1 mittelgroße Zwiebel
2 EL Butter
1 Glas gekochte Rote Bete in Scheiben (Abtropfgewicht 430 g)
1 EL Honig
½ l Gemüsesud (Rezept Seite 18)
1 säuerlicher Apfel
Salz, Pfeffer
gemahlener Kümmel
½ Becher Saure Sahne (100 g)
1 TL geriebener Meerrettich (Glas)

ROTE-BETE-SUPPE

KARTOFFELSUPPE MIT GEMÜSESTREIFEN

Die Kartoffeln schälen, waschen und in kleine Stücke schneiden. Lauch und Frühlingszwiebeln putzen und in schmale Ringe schneiden. Kohlrabi und Karotte schälen und mit den Shiitake-Pilzen in Streifen schneiden.

⅔ der Lauchringe, Frühlingszwiebeln und Kartoffeln in 1 EL Butter in einem Topf anschwitzen. Mit Salz, Pfeffer und frisch geriebener Muskatnuss würzen und dem Wasser aufgießen, das Bouquet garni zugeben und 30 Minuten sanft kochen lassen.

Die Toastbrotscheiben in Würfel schneiden und in einer Pfanne mit 1 EL Butter langsam goldbraun braten und zur Seite stellen. Die in Streifen geschnittenen Shiitake-Pilze in einer Pfanne mit 2 EL Öl anbraten. Kohlrabi, Karotte und restlichen Lauch zugeben, mit Salz und Pfeffer würzen, etwas Wasser angießen und 5 Minuten al dente kochen.

Die getrockneten Steinpilze mit dem Handmörser zerkleinern und mit der Sahne in einem Topf aufkochen. Aus der gekochten Kartoffelsuppe das Bouquet garni herausnehmen und die Suppe mit dem Stabmixer pürieren. Die Pilz-Sahne-Mischung mit der Crème fraîche, der restlichen Butter und dem al dente gekochten Gemüse in die Suppe geben und umrühren. Mit Majoran, Schnittlauch und Brotwürfeln anrichten und servieren.

ZUTATEN

600 g mehlig kochende Kartoffeln
1 Stange Lauch (150 g)
2 Frühlingszwiebeln
1 kleiner Kohlrabi (50 g)
1 kleine Karotte (50 g)
6 Shiitake-Pilze
5 EL Butter (100 g)
Salz, Pfeffer
frisch geriebene Muskatnuss
600 ml Wasser
1 Bouquet garni (zusammengebundene Petersilienstängel und Lorbeerblatt)
2 Scheiben Toastbrot
Öl zum Braten
1 kl. Päckchen getrocknete Steinpilze (4 g)
1 Becher Sahne (200 g)
2 EL Crème fraîche
1 Zweig frischer Majoran, fein gehackt, oder 1 TL getrockneter Majoran
1 Bund Schnittlauch, in Röllchen geschnitten

ARTISCHOCKENSUPPE MIT TOMATEN

Die Artischocken waschen. Die oberen zwei Drittel der Hüllblätter mit einem scharfen Messer abschneiden. Beim unteren Drittel die verbliebenen Hüllblätter rund um den Blütenboden entfernen, bis das so genannte Heu zum Vorschein kommt. Diesen faserigen Flaum mit einem Teelöffel entfernen. Restliche Blattansätze und harte Stellen an der Bodenunterseite wegschneiden. Die geputzten Artischocken vierteln und mit der ungeschälten, angedrückten Knoblauchzehe im Olivenöl anschwitzen. Den Safran zugeben und pfeffern.

Die Kartoffel schälen, waschen, halbieren, in Scheiben schneiden und zugeben. Mit dem Weißwein ablöschen und einkochen lassen. Das Bouquet garni zugeben, den Gemüsesud zugeben und etwa 10 Minuten sanft kochen lassen, so dass das Gemüse noch Biss behält.

Die Tomate kurz in kochendem Wasser überbrühen, dann enthäuten, in feine Würfel schneiden und die ausgetretene Flüssigkeit abgießen. Die Zwiebel in feine Ringe schneiden und zusammen mit den Tomaten in etwas Olivenöl anschwitzen und in die Suppe geben. Mit Salz, Pfeffer, der fein gehackten Chilischote und der Petersilie abschmecken.

PS Dieses Rezept funktioniert nicht mit den handelsüblichen dicken Artischocken. Es müssen die dünnen Baby-Artischocken sein.

ZUTATEN

16 Baby-Artischocken (geputzt etwa 200 – 300 g)
1 Knoblauchzehe
100 ml Olivenöl
10 Safranfäden
1 fest kochende Kartoffel (100 g)
100 ml Weißwein
1 Bouquet garni (Sträußchen aus Petersilienstängel, Thymianzweig und Lorbeerblatt)
400 ml Gemüsesud (Rezept Seite 18)
1 kleine Tomate
1 kleine weiße Zwiebel
Salz, Pfeffer
1 kleine getrocknete Chilischote
1 EL geschnittene Blattpetersilie

GEMÜSESUPPE MIT PISTOU

Für das Pistou 1 Knoblauchzehe schälen und zusammen mit 3 EL Olivenöl, dem Basilikum und dem Parmesan in der Küchenmaschine fein mixen.

Alle Gemüse putzen, waschen und in kleine Würfel schneiden. 1 Knoblauchzehe fein hacken. Die Zwiebeln und den Knoblauch in 3 EL Olivenöl und der Butter glasig dünsten. Kartoffeln, Karotten, weiße Rüben, Lauch, Tomaten, Staudensellerie, Fenchel und das Bouquet garni zugeben, mit dem Gemüsesud aufgießen. Mit Salz und Pfeffer abschmecken. Alles auf kleiner Flamme 20 Minuten sanft kochen lassen. Die Bohnen separat weich kochen. Erbsen ebenfalls getrennt davon in kochendem Wasser blanchieren und kurz vor dem Ende der Garzeit zusammen mit den Bohnen und den Zucchiniwürfeln zugeben. Das Bouquet garni entfernen, die Suppe nochmals mit Pfeffer und Salz abschmecken und das Pistou mit der Suppe vermischen.

ZUTATEN

2 Knoblauchzehen
6 EL Olivenöl
1 kleines Bund Basilikum
1 geh. EL Parmesan
1 mittelgroße Zwiebel (60 g)
4 EL Butter (80 g)
1 kleine Kartoffel (40 g)
1 kleine Karotte (50 g)
1 kleine weiße Rübe (50 g)
1 Stange Lauch (50 g)
1 kleine Fenchelknolle (40 g)
1 Tomate (50 g)
1 Stange Staudensellerie (40 g)
1 Bouquet garni (Sträußchen aus frischer Petersilie, Thymian und Lorbeerblatt)
600 ml Gemüsesud (Rezept Seite 18)
Salz, Pfeffer
50 g grüne Bohnen
50 g Erbsen, tiefgefroren
1 kleiner Zucchino (40 g Zucchini)

FRISCHE TOMATENSUPPE MIT QUARKNOCKEN

Die Butter schaumig rühren, dann die Eigelbe nacheinander zugeben. Semmelbröseln, Quark, Estragon oder Basilikum hacken und zugeben. Mit Salz, Pfeffer und Muskatnuss abschmecken und die Masse ungefähr 45 Minuten ruhen lassen. Die Tomaten vierteln. Die Zwiebeln schälen und in kleine Würfel schneiden. Den Staudensellerie waschen und würfeln.

Das Olivenöl erhitzen: zuerst den Zucker, dann die Salbeiblätter, die Zwiebeln und die ungeschälte, angeklopfte Knoblauchzehe sowie das Tomatenmark zugeben und etwa 10 Minuten langsam schmoren. Die frischen Tomaten und das Bouquet garni zugeben und den Gemüsesud zugießen. Mit Pfeffer und Salz abschmecken. Alles etwa 25 Minuten sanft kochen lassen. Etwa 5 Minuten vor Schluss die Dosentomaten mit Saft zugeben. Die fertige Suppe durch ein Sieb gießen oder mit dem Stabmixer pürieren – in diesem Fall müssen die Knoblauchzehe und das Bouquet garni vorher entfernt werden. Nochmals mit Salz und Pfeffer abschmecken.
Von der Quarkmasse mit zwei Teelöffeln Nocken abstechen (Teelöffel nach jeder Nocke in kaltes Wasser tauchen) und diese in leicht gesalzenem Wasser etwa 10 Minuten gar ziehen.
Die Suppe noch einmal erhitzen – nicht kochen, in tiefe Suppenteller verteilen und mit den Quarknocken garnieren.

PS Noch besser schmeckt es, wenn man statt der Semmelbröseln trockenes Weißbrot reibt oder elektrisch zerkleinert.

ZUTATEN FÜR 6 PERSONEN

2 EL weiche Butter (35 g)
3 Eigelbe
45 g Semmelbröseln
135 g Quark, 20 %
Estragon oder Basilikum
Salz, Pfeffer
Muskatnuss
500 g vollreife Tomaten
2 Zwiebeln (120 g)
1 Stange Staudensellerie (30 g)

4 EL Olivenöl
2 EL Zucker
4 Salbeiblätter
1 kleine ungeschälte Knoblauchzehe
2 gehäufte EL Tomatenmark
1 Bouquet garni (Bund aus Thymianzweig, Lorbeerblatt, Petersilienstängel)
600 ml Gemüsesud (Rezept Seite 18)
1 große Dose Tomaten (800 g)

EINFACH UND SCHWEINELECKER

ESTRAGON-PESTO

WIRSING-KARTOFFEL-EINTOPF MIT DILLCREME

Zwiebel, Sellerie, Karotte, Petersilienwurzel und Kartoffeln schälen und in Würfel schneiden. Wirsing vierteln, vom Strunk befreien und in Streifen schneiden.

Den Kümmel in etwas Öl anrösten, dann mit einem großen, scharfen Messer hacken und mit der Butter vermischen. Kümmelbutter mit dem Pflanzenöl erhitzen, Zwiebel und Lorbeer darin glasig anbraten. Sellerie, Karotte, Petersilienwurzel, Wirsing und Kartoffeln dazugeben.

Den Dill waschen, abzupfen, die Stängel zusammenbinden und zum Eintopf geben. Gemüsesud angießen und 40 Minuten abgedeckt bei geringer Temperatur garen. Dillstängel und Lorbeerblatt entfernen und mit Salz, Pfeffer und frisch geriebener Muskatnuss abschmecken. Crème fraîche mit frisch gehacktem Dill vermengen, leicht mit Salz und Pfeffer würzen. Eintopf in vorgewärmten Tellern anrichten und mit einem Klacks Dillcreme verfeinern.

PS Diesen Eintopf kocht man am besten auf Vorrat. Er lässt sich wunderbar portionsweise einfrieren. Falls sich überraschend Gäste ankündigen, den aufgetauten Gemüseeintopf mit flüssiger Sahne verfeinern und mit dem Pürierstab aufmixen. So hat man im Handumdrehen eine leckere Gemüsesuppe gezaubert.

ZUTATEN

1 mittelgroße Zwiebel
1/4 Knollensellerie
1 große Karotte
1 große Petersilienwurzel
4 mittelgroße vorwiegend fest kochende Kartoffeln (400 g)
1/2 Wirsing (400 g)
1/2 TL Kümmel
1 EL Butter
2 EL Pflanzenöl
1 Lorbeerblatt
1/2 Bund frischer Dill
1 l Gemüsesud (Rezept Seite 18)
Salz, Pfeffer
frisch geriebene Muskatnuss
150 g Crème fraîche

SÜSSKARTOFFELPUFFER MIT MANGO-SENF-CREME

Die Knoblauchzehe schälen, die Frühlingszwiebeln putzen und waschen, den weißen und hellgrünen Teil in feine Ringe schneiden.

Die Süßkartoffeln schälen. 400 g in Salzwasser 25 Minuten kochen, abgießen und 5 Minuten im Topf auf kleiner Flamme trocknen. Abkühlen lassen und grob reiben. 200 g roh fein reiben, salzen, etwas ruhen lassen. Während die roh geriebenen Süßkartoffeln ruhen, den Reis 15 bis 20 Minuten weich kochen. Die „ausgeruhten" Süßkartoffeln durch ein Sieb pressen, so dass eine nicht zu feuchte, aber auch nicht ganz trockene Masse entsteht. Die gekochten und die rohen Kartoffeln mit dem Reis, der fein gewürfelten Zwiebel, den Eigelben und dem Mehl vermischen. Mit Piment, Cayennepfeffer, Pfeffer und Salz würzen. Vorsicht beim Salzen: die Süßkartoffeln sind schon salzig.

Die Mango schälen, klein schneiden und mit dem Stabmixer pürieren. Crème fraîche, durchgepressten Knoblauch, Senf und Frühlingszwiebeln untermischen. Mit Ingwer, Kurkuma, Piment, Kreuzkümmel, Cayennepfeffer, Salz und Pfeffer abschmecken.

In der Pfanne das Öl erhitzen und je 1 EL von der Masse hineingeben, etwas flach streichen und bei mittlerer Hitze etwa 5 Minuten braten, dabei einmal wenden. Auf Küchenkrepp abtropfen lassen und mit der Mango-Senf-Creme servieren.

ZUTATEN

1 Knoblauchzehe
3 Frühlingszwiebeln
2–3 Süßkartoffeln (600 g)
50 g Rundkornreis
(Milchreis, Risotto-Reis)
1 mittelgroße Zwiebel
2 Eigelb
3 EL Mehl
Pulver von Piment (Nelkenpfeffer),
Kreuzkümmel (Cumin)
Ingwer
Kurkuma
Cayennepfeffer
Salz, Pfeffer
1 Mango
150 g Crème fraîche
2 EL körniger Senf
(Rotisseur-Senf oder Dijon-Senf à l'ancienne)
Sonnenblumenöl zum Braten

MANGOLD-SESAM-BURGER

Schalotten und Pilze in Würfel schneiden. Die Schalotten in Sonnenblumenöl anschwitzen und die Pilze zugeben. Das Mangoldblatt waschen, vom Stiel trennen, blanchieren und trocken tupfen. Den Stiel klein schneiden und zu den Pilzen geben.

Fein geschnittenen Koriander zugeben und mit Salz, Pfeffer, Cayenne und Zucker abschmecken. Den gewürfelten Käse zugeben, alles gut vermischen und in das Mangoldblatt einschlagen. In Mehl, Eiern und Sesamkörnern panieren und bei sanfter Hitze in Sesamöl goldgelb backen.

Die Salatgurke schälen, halbieren, entkernen und in Würfel schneiden. In ein Sieb geben, kräftig einsalzen und das Gurkenwasser abtropfen lassen. Den Joghurt mit Curry und Weißweinessig vermischen, die Gurkenwürfel unterheben und mit und Pfeffer abschmecken.

Die Burger auf dem Gurken-Curry-Salat mit Joghurt anrichten und mit Brunnenkresse garnieren.

ZUTATEN

100 g Schalotten
60 g Shiitake-Pilze
1 EL Sonnenblumenöl
1 Mangoldblatt mit Stiel
2 Zweige Koriander
Salz
Pfeffer
1 Prise Cayenne
Zucker
40 g Schafskäse
3 EL Mehl
2 Eier
200 g Sesamkörner
100 ml Sesamöl

1 Salatgurke
125 g Joghurt
1 TL Curry
2 cl Weißweinessig

1 kleiner Bund Brunnenkresse

RAHMSPINAT MIT SPIEGELEI UND WEISSEN TRÜFFELN

Den Spinat auftauen lassen, gut auspressen und grob hacken. Die Schalotte und die Knoblauchzehe schälen, in feine Würfel schneiden und in 2 EL Butter in einem Topf anschwitzen. Den Spinat dazugeben und mit 100 ml Crème double einmal aufkochen, mit Salz, Pfeffer und Muskat würzen. Die restliche Butter in einer Pfanne bräunen, zum Spinat geben und alles mit dem Stabmixer pürieren.

Den Trüffel putzen und mit den Trüffelabschnitten zur Seite stellen. Für die Sauce den Gemüsesud mit 150 ml Crème double in einen Topf geben und kurz aufkochen, mit Salz und Pfeffer würzen. Die Trüffelabschnitte zugeben und zu einer cremigen Sauce einkochen lassen. Durch ein feines Sieb streichen. Die geschlagene Sahne und das Trüffelöl unterheben.

Die Eier in einer Pfanne zu Spiegeleiern braten, mit dem Cremespinat und der Sauce auf Tellern anrichten. Mit dem frisch gehobelten weißen Trüffel servieren.

PS Dieses Rezept ist wunderbar, um bei seinem Chef oder der Geliebten bzw. dem Geliebten Eindruck zu machen – es ist nicht nur schweinelecker, sondern auch sauteuer.

ZUTATEN

250 g Tiefkühl-Blattspinat
1 Schalotte
1 Knoblauchzehe
4 EL Butter (80 g)
250 ml Crème double
Salz, Pfeffer
Muskatnuss

1 kleiner weißer Trüffel
die Putzabfälle vom Trüffel
200 ml Gemüsesud (Rezept Seite 18)
1 EL geschlagene Sahne
2 EL Trüffelöl
4 Eier

PENNE MIT KARTOFFELN UND SPINAT

Die Tomaten waschen, vierteln und in Würfel schneiden. Die Kartoffeln waschen, schälen und in Scheiben schneiden. Die Frühlingszwiebeln und den Staudensellerie putzen und in Streifen schneiden. Den Spinat putzen, gründlich waschen und grob zerkleinern oder auftauen und zerkleinern, auf einem Sieb abtropfen lassen. Das Basilikum waschen, abzupfen und klein schneiden.

Das Olivenöl und die Butter in einem Topf schmelzen, die Frühlingszwiebeln und Kartoffelscheiben hineingeben und leicht anschwitzen. Die Tomaten, den Knoblauch und die ungekochten Penne in die Pfanne geben. Mit Salz und Pfeffer würzen. Mit Gemüsesud nach und nach in kleinen Mengen auffüllen und immer wieder einkochen lassen, bis die Penne al dente sind. Dauert etwa 15 Minuten.

Kurz vor Ende der Garzeit den Spinat, das Basilikum und den Parmesan unterheben und mit Salz und Pfeffer abschmecken.

ZUTATEN

3 Tomaten
200 g fest kochende Kartoffeln
4 Frühlingszwiebeln
1 Stange Staudensellerie
300 g frischer Blattspinat
oder 200 g Tiefkühl-Blattspinat
1 Bund Basilikum
2 EL Olivenöl
3 EL Butter
2 fein geschnittene Knoblauchzehen
250 g Penne
Salz, Pfeffer
600 – 800 ml Gemüsesud (Rezept Seite 18)
100 g Parmesan

KARTOFFELRAVIOLI AUF EGERLINGEN

Die mehlig kochenden Kartoffeln waschen, schälen und in Salzwasser kochen, danach ausdampfen lassen. Die fest kochenden Kartoffeln waschen, schälen und in sehr kleine Würfel schneiden; mit Küchenkrepp trockenreiben. In einer Pfanne in 3 bis 4 EL heißem Öl frittieren, mit einer Schaumkelle herausheben und auf Küchenkrepp abtropfen lassen. Die ausgedampften, erkalteten Kartoffeln zerstampfen oder mit der Kartoffelpresse zerdrücken.

Die Zwiebel schälen und in kleine Würfel schneiden. In 2 bis 3 EL Öl anschwitzen. Raclettekäse und Ricotta würfeln und mit den frittierten Kartoffelwürfeln mischen. Die gestampften Kartoffeln und die angeschwitzten Zwiebeln zufügen. Diese Masse mit Salz, Pfeffer und Muskatnuss würzen und die Rucola (gewaschen und in feine Streifen geschnitten) zufügen.

Auf je 1 Wan-Tan-Blatt 1 TL der Füllmasse setzen, die Ränder dünn mit Eiweiß befeuchten (Backpinsel), das Blatt zuklappen und fest andrücken, so dass dreieckige Ravioli entstehen. Die gefüllten und geschlossenen Wan-Tan-Blätter auf einer mehligen Arbeitsplatte auslegen.

Die Egerlinge putzen und je nach Größe vierteln oder halbieren. Frühlingszwiebel und Knoblauch putzen und in feine Ringe schneiden. Egerlinge, Frühlingszwiebel und Knoblauch in 3 bis 4 EL Öl leicht dünsten. Mit Salz und Pfeffer würzen. Die Kartoffelravioli in reichlich Salzwasser 2 Minuten kochen, mit 4 EL Abkochwasser zu den Egerlingen geben und servieren.

ZUTATEN

250 g mehlig kochende Kartoffeln
100 g fest kochende Kartoffeln
ca. 10 EL Pflanzenöl
1 Zwiebel (40 g)
40 g Raclettekäse (oder Appenzeller)
40 g Ricotta
Salz, Pfeffer
Muskatnuss
½ Bund Rucola
25 – 30 Wan-Tan-Blätter (in Asialäden erhältlich)
150 g Egerlinge
1 Frühlingszwiebel
½ Knoblauchzehe
Mehl für die Arbeitsfläche
1 Eiweiß zum Bestreichen

SPAGHETTI MIT KÜRBISKERN-MINZ-PESTO

SPAGHETTINI MIT ESTRAGONPESTO

Die Tomaten waschen, halbieren und zur Seite stellen. Zur Verfeinerung kann man die Tomaten vor dem Halbieren auch häuten. Den Estragon waschen, trockenschütteln, die Blättchen von den Stielen zupfen. Den Knoblauch abziehen. Den Parmesan in kleinen Stücken zusammen mit den restlichen Zutaten (außer Tomaten) in der Küchenmaschine zu einem Pesto mixen. Dabei langsam das Öl einfließen lassen. Al dente gekochte Spaghettini mit dem Pesto und den Tomaten servieren.

ZUTATEN

200 g Kirschtomaten
2 Bund Estragon
1 Knoblauchzehe
40 g Parmesan
2–3 EL Pinienkerne
2 EL Dijon-Senf
100 ml Olivenöl
Spaghettini

SPAGHETTI MIT KÜRBISKERN-MINZPESTO

Die Minze und Petersilie waschen, trocknen und die Blätter vom Stiel zupfen. In einer Pfanne zuerst die Mandeln allein und dann mit den Kürbiskernen trocken anrösten. Abkühlen lassen. Kräuter, Knoblauch, 1 EL geriebene Zitronenschale, Kürbiskerne, Mandeln und zerkleinerten Parmesan in einem Mixer mit der Hälfte des Olivenöls pürieren. Nach und nach unter weiterem Rühren im Mixer das restliche Olivenöl zugeben, so dass das Pesto eine sämige Konsistenz bekommt. Wenn nötig, die Masse gelegentlich von den Seiten nach unten schieben. Mit Salz und Pfeffer abschmecken. Mit den al dente gekochten Spaghetti servieren.

ZUTATEN

30 Blätter frische Minze
1 kleines Bund glatte Petersilie
15 geschälte Mandeln
30 g Kürbiskerne
1 kleine Knoblauchzehe
1 Zitrone (unbehandelt)
50 g Parmesan am Stück
175 ml Olivenöl
Salz, Pfeffer
Spaghetti

MAKKARONI-PILZ-AUFLAUF

Den Backofen auf 200 °C (Heißluft 180 °C) vorheizen. Die Petersilie waschen, trockentupfen, Blätter vom Stiel zupfen und klein schneiden. Die Pilze putzen und grob zerkleinern. Die Schalotten und Knoblauchzehe schälen und in feine Würfel schneiden und in einer Pfanne mit 2 EL Butter glasig dünsten. Die Pilze dazugeben und anbraten, mit Salz und Pfeffer würzen. Die Petersilie mit den Pilzen in der Pfanne vermischen. Die gebratenen Pilze auf einem Sieb abtropfen lassen und zur Seite stellen.

Die Makkaroni in reichlich kochendes Salzwasser geben und al dente kochen. Abgießen und mit Olivenöl beträufeln. Das Eiweiß steif schlagen und unter die noch lauwarme Béchamelsauce heben.

Die Auflaufform fetten, mit 50 g Käse ausstreuen, mit der Hälfte der Makkaroni bedecken, Crème fraîche darauf verteilen und mit einem Drittel der Béchamelsauce übergießen. Die Hälfte der Pilze darauf verteilen, mit den restlichen Makkaroni bedecken und mit etwas Béchamelsauce begießen. Die restlichen Pilze darauf verteilen, wieder mit Béchamel übergießen und dem Käse bestreuen.

Im vorgeheizten Backofen 30 Minuten überbacken.

ZUTATEN

½ Bund glatte Petersilie
400 g Pilze (vorzugsweise Steinpilze und Champignons)
2 Schalotten
1 Knoblauchzehe
2 EL Butter
Salz, Pfeffer
150 g Makkaroni
3 EL Olivenöl
2 Eiweiß
½ l Béchamelsauce (Rezept Seite 17)
100 g würziger Hartkäse, fein gerieben (Gruyère, Appenzeller)
2 EL Crème fraîche
Butter zum Ausfetten der Form

PENNE MIT FENCHEL-ORANGEN-SAUCE

Wasser für die Pasta aufsetzen. Die Tomaten in einem Sieb abtropfen lassen, dabei den Saft auffangen. Es wird nur der Saft der halben Dose gebraucht. Den Fenchel waschen, putzen, teilen, den Strunk herausschneiden und entsorgen. Den Fenchel in kleine Würfel schneiden. Knoblauch und Zwiebeln schälen und in feine Scheiben schneiden. Die Orange gründlich mit heißem Wasser abwaschen, ein daumengroßes Stück Schale abschneiden sowie mehrere Zesten mit dem Zestenreißer abziehen und klein hacken.

Das Olivenöl in der Pfanne erhitzen, darin zuerst Zwiebeln, dann Knoblauch und dann Fenchel und Herbes de Provence andünsten. Unter gelegentlichem Rühren etwa 10 Minuten schmoren, bis das Gemüse goldbraun und al dente ist. Notfalls Öl oder etwas Flüssigkeit (Gemüsesud/Wasser) nachgießen. Basilikum und Petersilienblätter vom Stiel zupfen, Oliven entsteinen und alles zusammen mit den Kapern und ein wenig Olivenöl in den Mixer geben. Beim Mixen langsam noch weiteres Olivenöl einlaufen lassen, bis die Masse sämig ist.

Die Tomaten mit der Hälfte des Saftes, dem Saft einer ½ Orange und dem Stück Orangenschale in die Pfanne zum Fenchel geben. Ohne Deckel weiterschmoren, bis die Sauce sämig eingekocht ist. Die Orangenschale aus der Pfanne nehmen. Die Sauce mit Salz und Pfeffer, Fenchelsamen und einem Schuss Pernod abschmecken. Die Nudeln garen, kurz vor dem Servieren die Orangenzesten in die Sauce rühren. Nudeln mit der Sauce mischen und mit der grünen Kräutermischung auf Tellern anrichten.

ZUTATEN

1 große Dose geschälte Tomaten
500 g Fenchelknollen
3–4 Knoblauchzehen
2 kleine Zwiebeln
1 unbehandelte Orange
5 EL Olivenöl
½ TL Herbes de Provence (oder eine andere Kräutermischung, z. B. Fines Herbes)
je ½ Bund Basilikum und Petersilie
15 grüne Oliven
15 schwarze Oliven
3 TL Kapern
Salz, Pfeffer
1 TL gemörserte Fenchelsamen
etwas Pernod
500 g Penne

LINGUINE MIT GORGONZOLA

Die Milch in einem Topf zum Kochen bringen, Gorgonzola und Crème fraîche unter Rühren darin auflösen und auf die Hälfte einkochen lassen.

Den Staudensellerie putzen und in feine Streifen schneiden. In einem Topf die Butter schmelzen und den Staudensellerie darin andünsten, die gehackten Walnüsse dazugeben und mit der Sahne ablöschen. Kurz aufkochen lassen und in die Gorgonzolasauce geben.

Die Linguine in reichlich Salzwasser al dente kochen, abschütten, in die Gorgonzolasauce geben, gut mischen und nach Geschmack mit Salz und Pfeffer würzen. Den Schnittlauch waschen und in Röllchen schneiden, über die fertigen Linguine streuen und servieren.

ZUTATEN

150 ml Milch

150 g Gorgonzola

1 Becher Crème fraîche

1 Stange Staudensellerie

1 EL Butter

2 EL gehackte Walnüsse

150 g Sahne

250 g Linguine

Salz, Pfeffer

1 Bund Schnittlauch

KRAUTFLECKERL MIT FARFALLE

Vom Weißkraut die äußeren Blätter entfernen, den Kopf achteln, den Strunk herausschneiden und das Kraut in breite Streifen schneiden, waschen und in einem Sieb abtropfen lassen.

Die Zwiebeln und den Knoblauch schälen und fein schneiden, in einem Topf mit 2 EL Öl anschwitzen. Den Zucker und das Paprikapulver dazugeben, anbraten und mit Essig ablöschen. Das Kraut untermischen und mit Salz, Pfeffer und Kümmel, der kurz in Öl angeröstet und mit einem großen scharfen Messer gehackt wurde, würzen. Das Wasser angießen und zugedeckt 40 Minuten leicht köcheln lassen, bis das Kraut weich ist.

Die Farfalle in reichlich Salzwasser kochen. Das gekochte Kraut und die Farfalle in einer Pfanne mit Butter schwenken, mit Salz und Pfeffer abschmecken, mit der fein gehackten Petersilie bestreuen und servieren.

ZUTATEN

1 kleiner Kopf Weißkraut (1kg)
2 Zwiebeln (100 g)
2 Knoblauchzehen
2 EL Öl
2 EL Zucker
1 EL Paprikapulver, mild
3 EL Weißweinessig
½ EL Kümmel
Salz, Pfeffer
100 ml Wasser
300 g Farfalle
2 EL Butter (50 g)
½ Bund glatte Petersilie

KRAUTFLECKERL MIT FARFALLE

SAUERKRAUTAUFLAUF

Den Backofen auf 200 °C (Heißluft 180 °C) vorheizen. Die Kartoffeln waschen, schälen und in Scheiben schneiden. Mit 100 ml Milch, 100 ml Wasser und etwas Salz bissfest kochen und abschütten. Die Zwiebeln schälen und mit dem Knoblauch in feine Scheiben schneiden, beides in der Butter glasig dünsten.

Den Apfel würfeln. Das Sauerkraut abgetropft in eine gefettete feuerfeste Auflaufform geben. Die gekochten Kartoffelscheiben mit den Zwiebeln und Äpfeln vermischen, mit Salz, Pfeffer und Muskatnuss abschmecken und über das Sauerkraut geben. Die Sahne, restliche Milch, Saure Sahne, Eier und Pommery-Senf verrühren, salzen und pfeffern und über den Auflauf gießen.

Den Sauerkrautauflauf im vorgeheizten Backofen etwa 40 Minuten backen. Vor dem Servieren den Sauerkrautauflauf mit feinen Schnittlauchringen überstreuen.

PS Man kann den Sauerkrautauflauf verfeinern, wenn man in Scheiben geschnittenen, geräucherten Mozzarella (Scarmorza) zwischen die Kartoffeln und das Sauerkraut gibt.

ZUTATEN

5 mittelgroße Kartoffeln
200 ml Milch
100 ml Wasser
3 Zwiebeln
1 Knoblauchzehe
3 EL Butter (60 g)
½ Apfel
300 g Sauerkraut, gekocht
Salz, Pfeffer
Muskatnuss
1 Becher Sahne (200 g)
3 EL Saure Sahne
2 Eier
2 EL Pommery-Senf (oder scharfer Senf)
etwas Schnittlauch (feine Ringe)

CONSTANTIN-KARTOFFELN

Die Kartoffeln gründlich waschen, eventuell unter fließendem Wasser abbürsten. Die Frühlingszwiebeln putzen und waschen. Das Weiße und Hellgrüne getrennt in dünne Ringe schneiden. Die Kartoffeln in der Schale kochen und nach der Garzeit abgießen. Im geschlossenen Topf, mit zwei Lagen Küchenkrepp unter dem Deckel, 15 Minuten ausdämpfen.

Die Butter in der Pfanne erhitzen und darin das Weiße der Frühlingszwiebeln andünsten.
Je nach Geschmack die ganze oder einen Teil der Muskatnuss hineinreiben, die angeklopfte, ungeschälte Knoblauchzehe dazugeben und alles mit der Sahne löschen. Die Sauce kurz aufkochen lassen, die Knoblauchzehe entfernen, mit Salz und Pfeffer abschmecken.

Die Kartoffeln halbieren und auf Tellern mit der warmen Sauce und 2 Klecksen kalter Crème fraîche oder Joghurt anrichten. Mit den hellgrünen Zwiebelringen bestreuen.

ZUTATEN

500 g kleine Kartoffeln (der Sorte „Ratte“ oder „Bamberger Hörnchen“, möglichst gleich groß)
1 Bund Frühlingszwiebeln
1 EL Butter
1 Muskatnuss
1 Knoblauchzehe
1 Becher Sahne (200 g)
Salz, Pfeffer
1 Becher Crème fraîche oder griech. Joghurt, (10 %)

CONSTANTIN-KARTOFFELN

WEISSER SPARGEL MIT BROKKOLI-MOUSSE

Den Spargel schälen und die holzigen Endstücke abschneiden. In einem großen Topf Wasser mit Salz, Zucker, Zitronensaft, 1 EL Butter aufsetzen und den Spargel darin in etwa 10 bis 15 Minuten gar kochen. Herausnehmen und abtropfen lassen.

Den Brokkoli waschen, Röschen vom Stiel trennen. Die Stiele schälen und sehr klein schneiden, zusammen mit den Röschen in Salzwasser etwa 5 Minuten kochen. Dann herausnehmen und in kaltem Wasser abschrecken und abtropfen lassen.

Den Brokkoli mit 2 EL Butter anschwitzen und mit Salz, Pfeffer und Muskatnuss würzen. Die Sahne fast vollständig angießen und alles weich dünsten. Mit dem Stabmixer pürieren und den Rest der Sahne zufügen.

Die Eier pellen, Eiweiß und Eigelb separat klein würfeln. 1 bis 2 EL Butter mit den Bröseln in einer Pfanne goldbraun anrösten und über den mit der Brokkoli-Mousse angerichteten Spargel geben. Mit den Eiwürfeln bestreuen.

ZUTATEN

1 kg weißer Spargel
½ TL Zucker
etwas Zitronensaft
5 EL Butter (100 g)
500 g Brokkoli
120 g Sahne
Salz, Pfeffer
Muskatnuss
2 hart gekochte Eier
30 g frisch geriebene Semmelbröseln

KÄSESPÄTZLE MIT GESCHMOLZENEN ZWIEBELN

Die Eier mit dem Mehl in einer Schüssel vermischen, mit Salz und Muskatnuss würzen und so lange schlagen, bis der Teig Blasen wirft.

Die Zwiebeln schälen, in Ringe schneiden und mit dem Pflanzenöl und 2 EL Butter in einem Topf goldbraun andünsten und zur Seite stellen. Den Käse fein reiben. Eine Auflaufform mit Butter ausfetten und mit einem Viertel der Zwiebeln und des Käses ausstreuen und bereithalten.

Den Backofen auf 180 °C (Heißluft 160 °C) vorheizen. Reichlich Salzwasser zum Kochen bringen. Mit Hilfe einer Spätzlepresse oder einer flotten Lotte ein Drittel des Teiges in das kochende Wasser drücken. Die Spätzle 1 Minute aufkochen lassen und mit der Schaumkelle in die bereits vorbereitete Auflaufform geben. Erneut mit Zwiebeln und Käse bestreuen und Pfeffer würzen. Diesen Vorgang zweimal wiederholen und mit Zwiebeln und Käse abschließen.

Die Auflaufform im vorgeheizten Backofen 15 Minuten überbacken. Den Schnittlauch in feine Röllchen schneiden und die fertigen Käsespätzle damit garnieren.

ZUTATEN

8 Eier, mittlere Größe
400 g Mehl
Salz
frisch geriebene Muskatnuss
4–5 Zwiebeln (500 g)
4 EL Pflanzenöl
3 EL Butter (60 g)
150 g Emmentaler
100 g Appenzeller
Pfeffer
1 Bund Schnittlauch

KARTOFFEL-SPARGEL-RAVIOLI MIT MINZE

Die Kartoffeln waschen und schälen, in Salzwasser garen und abgießen. Den Spargel waschen, harte Enden abschneiden, Spitzen abschneiden und beiseite legen. Die Stangen in dünne Scheiben schneiden. Die Minzeblättchen waschen und fein hacken. Den Knoblauch schälen und fein hacken.

Das Olivenöl in der Pfanne erhitzen, darin Spargelscheiben und Knoblauch zugedeckt mit 2 bis 3 EL Flüssigkeit (Gemüsesud oder Wasser) weich garen. Währenddessen die Kartoffeln noch heiß zu Brei stampfen. Den weichen Spargel, Knoblauch und die Hälfte der Minze zum Kartoffelbrei geben, nochmals stampfen und gut verrühren. Mit Salz und Pfeffer abschmecken.

Auf je 1 Wan-Tan-Blatt 1 TL der Masse setzen, die Ränder mit Wasser befeuchten (Backpinsel), das Blatt zuklappen, so dass dreieckige Ravioli entstehen. Die Ränder mit einer Gabel zusammendrücken. Salzwasser zum Kochen bringen, zuerst die Spargelspitzen, nach 2 Minuten die Ravioli hineingeben und etwa 2 bis 3 Minuten kochen.

Butter und Mascarpone schmelzen. Die Ravioli und Spargelspitzen darin wälzen und mit der anderen Hälfte der Minze, dem geriebenen Parmesan und dem grob gemahlenen Pfeffer bestreut servieren.

ZUTATEN

150 g mehlig kochende Kartoffeln
500 g grüner Spargel
1 Bund Minze
1 Knoblauchzehe
2–3 EL Olivenöl
Salz, schwarzer Pfeffer
20 Wan-Tan-Blätter
2 EL Butter (50 g)
2 geh. EL Mascarpone
75 g Parmesan

CALZONE MIT STEINPILZEN UND RUCOLA

Die Hefe in etwas warmem Wasser auflösen und mit etwas Mehl vermischen. Mit den übrigen Zutaten etwa 5 Minuten durchkneten. 2 Stunden ruhen lassen.

Die Steinpilze in 1 cm dicke Stücke schneiden und kurz mit dem Knoblauch in Olivenöl ansautieren. Den Frühlingslauch in Röllchen schneiden und zugeben. Die Tomatenfilets klein schneiden und alle Zutaten miteinander vermengen. Salzen und pfeffern.

Den Teig auf 3 mm ausrollen. Kreise mit einem Durchmesser von etwa 20 cm ausschneiden. Die Fülle jeweils in die Mitte geben und den Teig zu einem Halbmond zusammenklappen. Die Ränder zusammendrücken. Im Ofen bei 240° C Ober- und Unterhitze auf der unteren Schiene 12 Minuten backen.

Den Teig kann man auch ohne Belag backen und so den Brotkorb bereichern.

ZUTATEN

25 g Hefe
500 g Mehl
30 ml Olivenöl
25 g Honig
25 g Salz
250 ml Wasser

100 g geputzte Steinpilze
1 Knoblauchzehe
1 EL Olivenöl
250 g Frühlingslauch
60 g getrocknete Tomatenfilets
30 g gehackte Oliven
75 g Mozzarella
15 g grob gehackter Rucola
5 g Basilikum
Salz
Pfeffer

GRAUPENRISOTTO MIT ERBSEN

Die Graupen 1 Stunde in warmem Wasser einweichen. 150 g Erbsen 3 Minuten in Salzwasser kochen, abschrecken und mit 2 EL Sahne pürieren. Mit Salz, Pfeffer und Muskatnuss abschmecken und durch ein Sieb streichen.

Die Graupen gründlich abtropfen lassen. Die Schalotten schälen, sehr klein würfeln und in 1 EL Butter glasig braten. Die Graupen zugeben, kurz andünsten, mit Salz, Pfeffer und Muskatnuss abschmecken. Mit Wein ablöschen. Wenn der Wein eingekocht ist, die Hälfte des Gemüsesuds dazugeben und langsam unter gelegentlichem Rühren einkochen lassen. Wenn alles eingekocht ist, die zweite Hälfte des Gemüsesuds dazugeben und ebenfalls unter gelegentlichem Rühren einkochen lassen.

200 g Erbsen unaufgetaut in reichlich kochendes Salzwasser geben. Sobald sie alle oben schwimmen, abgießen und abtropfen lassen. Das Risotto vom Herd nehmen, 1 EL Butter, Parmesan, Kerbel, Erbsenpüree und Erbsen untermischen. Eventuell noch einmal mit Pfeffer und Salz abschmecken.

ZUTATEN

150 g Rollgerste (Graupen)
350 g tiefgekühlte Erbsen
2 EL Sahne
Salz, weißer Pfeffer
geriebene Muskatnuss
1–2 Schalotten
2 EL Butter
100 ml trockener Weißwein
200 ml Gemüsesud (Rezept Seite 18)
2 geh. EL Parmesankäse, frisch gerieben
½ Bund Kerbel oder Petersilie

KARTOFFELNUDELN MIT KOHLRABI UND ERBSEN

Die passierten Kartoffeln mit dem Mehl mischen und mit Salz würzen. Mit dem Handrührgerät (Knethaken) unter Zugabe von Wasser zu einem festen Teig verarbeiten. 30 Minuten in Klarsichtfolie im Kühlschrank ruhen lassen.

Den Kohlrabi und die Schalotten schälen und in kleine Würfel schneiden. In einer Pfanne Öl erhitzen und die Schalotten darin anschwitzen, dann den Kohlrabi dazugeben, mit Salz, Pfeffer und frisch geriebener Muskatnuss würzen und dem Mineralwasser übergießen. Abgedeckt in 5 Minuten al dente garen. Die gefrorenen Erbsen zu dem Kohlrabi in die Pfanne geben.

Die Shiitake-Pilze schneiden und in etwas heißem Öl in einer Pfanne anbraten, mit Salz und Pfeffer würzen. Vom gekühlten Teig erbsengroße Stückchen abreißen und zwischen den bemehlten Handflächen zu dünnen Nudeln rollen und auf eine mit Grieß bestreute Arbeitsfläche geben.

Die Kartoffelnudeln in reichlich kochendes Salzwasser geben und 5 Minuten kochen. Mit der Schaumkelle herausnehmen und direkt mit dem Kohlrabigemüse mischen. Die gebratenen Shiitake-Pilze dazugeben, mit Schnittlauch und der Butter durchschwenken und servieren.

ZUTATEN

125 g gekochte und passierte Kartoffeln
250 g Mehl
Salz
50 ml Wasser
2 Kohlrabi
2 Schalotten
Olivenöl zum Braten
8 Shiitake-Pilze
frisch geriebene Muskatnuss
100 ml Mineralwasser
100 g Erbsen (tiefgekühlt)
Salz, Pfeffer
1 Bund Schnittlauch, in Röllchen geschnitten
Grieß für die Arbeitsplatte
2 EL Butter (40 g)

KARTOFFELNUDELN MIT KOHLRABI UND ERBSEN

KARTOFFEL-SPINAT-AUFLAUF

Den Backofen auf 180 °C (Heißluft 160 °C) vorheizen. Gemüse und Kartoffeln waschen, schälen und mit Hilfe einer Küchenreibe in grobe Stifte raspeln. 1 EL Butter mit Zucker leicht karamellisieren, Gemüse, Kartoffeln und Thymianzweig zugeben und bei geringer Hitze 5 Minuten garen, dabei immer wieder umrühren; mit Salz, Pfeffer und frisch geriebener Muskatnuss würzen, dann zur Seite stellen.

Spinat von groben Stielen befreien, mehrmals gründlich waschen und in einem Sieb gut abtropfen lassen. Tiefgekühlten Spinat auftauen. Knoblauchzehen und Schalotten schälen, in feine Würfel schneiden und in der restlichen, leicht gebräunten Butter glasig anschwitzen. Blattspinat zugeben und ebenfalls 5 Minuten bei geschlossenem Deckel dünsten. Die letzten 2 Minuten offen garen, bis die austretende Flüssigkeit vollständig reduziert ist. Mit Salz, Pfeffer und frisch geriebener Muskatnuss würzen.

Spinat in die gebutterte Auflaufform geben und das Gemüse darauf verteilen. Sahne und Eigelbe miteinander vermengen, mit Ingwer, Salz und je nach Geschmack mit etwas Cayennepfeffer pikant würzen und über das Gemüse gießen. Mozzarella in dünne Scheiben schneiden und gleichmäßig darauf verteilen. Im vorgeheizten Backofen etwa 40 Minuten goldbraun backen.

PS Mit frischem Spinat schmeckt's am besten.

ZUTATEN

2 mittelgroße Karotten
4 große fest kochende Kartoffeln (400 g)
2 kleine Kohlrabi (etwa 300 g)
1 große Navette (weiße Rübchen) (150 g)
3 EL Butter (60 g)
1 TL Zucker
1 Zweig frischer Thymian
Salz, weißer Pfeffer
frisch geriebene Muskatnuss

800 g Spinat (ergibt etwa 400 g geputzt) oder Tiefkühl-Blattspinat (400 g)
2 Knoblauchzehen
3 Schalotten (80 g)
1 Becher Sahne (200 g)
3 Eigelbe
½ TL gemahlener Ingwer
etwas Butter für die Form
Cayennepfeffer
125 g Mozzarella, vorzugsweise aus Büffelmilch

FENCHELAUFLAUF

Den Fenchel waschen, putzen, die Stängel abschneiden, das Fenchelgrün fein hacken und zur Seite legen. Die Knolle der Länge nach in fingerdicke Scheiben schneiden. Den Backofen auf 200 °C (Heißluft 180 °C) vorheizen.

Das Olivenöl in einer großen Pfanne bei mittlerer Hitze heiß werden lassen, die Fenchelscheiben mit dem Gemüsesud hineingeben und weich garen. Wenn die Pfanne klein ist, sollte man die Fenchelmasse teilen und die beiden Hälften nacheinander garen. Den Mozzarella in Scheiben schneiden, den Hartkäse reiben. Die Tomaten mit Saft in einer Pfanne bei starker Hitze einkochen, die Früchte dabei zerdrücken. Die Basilikumblätter abbrausen und fein hacken.

Eine breite Auflaufform einfetten und die Hälfte der Fenchelscheiben hineinlegen. Die Hälfte der Mozzarellascheiben darüber verteilen, mit wenig Salz, Pfeffer und gehacktem Fenchelgrün und den Kräutern würzen. Ein Drittel vom geriebenen Käse darüber streuen. Die übrigen Fenchelscheiben darauf legen, den restlichen Mozzarella, Kräuter und wieder ein Drittel vom Käse darauf verteilen.

Die Tomatensauce mit wenig Salz und Pfeffer abschmecken und über den Auflauf gießen. Die Oberfläche mit dem restlichen Käse bestreuen. Im Backofen (Mitte) 25 Minuten überbacken, bis der Käse gebräunt ist. Heiß servieren.

ZUTATEN

4 Fenchelknollen (etwa 1,2 kg)
8 EL Olivenöl
150 ml Gemüsesud (Rezept Seite 18)
2 Kugeln Mozzarella (je 125 g)
150 g Hartkäse (Parmesan, Greyerzer oder alter Gouda)
1 große Dose geschälte Tomaten (800 g Füllgewicht)
8 Basilikumblätter
Salz, Pfeffer
2 TL getrockneter Oregano
2 TL getrockneter Thymian
Butter für die Form

RISOTTO MIT GRÜNEM SPARGEL

Grünen Spargel muss man nicht schälen; wer es aber besonders fein haben will, kann es tun. Den Spargel dritteln, Köpfe und Mittelstücke beiseite legen. Die Endstücke mit dem Gemüsesud aufkochen, ziehen lassen, bis sie weich sind und aus dem Sud nehmen.

Die Zwiebeln schälen, fein würfeln und mit 1 EL Butter anschwitzen, den Reis zugeben und leicht anrösten. Die Mittelstücke des Spargels klein schneiden, zufügen, mit Weißwein ablöschen und die Hitze etwas höher stellen.

Wenn der Reis den Wein ganz aufgesogen hat, etwa 125 ml heißen Gemüsesud zum Reis geben. Je nach Topf (ob versiegelt oder nicht) ab und zu oder ständig rühren. Wenn der Sud aufgesogen ist, wieder etwa 125 ml heißen Sud zufügen. Diesen Vorgang wiederholen, bis der Sud aufgebraucht ist. Der Reis sollte dann al dente sein. Notfalls noch zusätzlich Flüssigkeit zufügen. Dauert etwa 20 bis 30 Minuten, je nach Reissorte.

Die Spargelspitzen kurz in kochendes Wasser geben und kalt abschrecken. Spargelspitzen, restliche Butter und geriebenen Parmesan unter das Risotto heben.

ZUTATEN

1 Bund grüner Spargel

800 ml Gemüsesud (Rezept Seite 18)

2 Zwiebeln (100 g)

5 EL Butter (100 g)

300 g Risotto-Reis

100 ml Weißwein

25 g Parmesan

RISOTTO MIT GRÜNEM SPARGEL

KARTOFFEL UND CO

KARTOFFELNOCKEN MIT BUTTER UND SALBEI

MAISPLÄTZCHEN

Das Ei trennen, das Mehl mit dem Maismehl vermischen, mit Milch und Eigelb zu einem glatten Teig verrühren und diesen 15 Minuten quellen lassen. Mit Salz, Pfeffer und frisch geriebener Muskatnuss abschmecken. Die Maiskörner einrühren.

Das Eiweiß zu steifem Schnee schlagen und unter den Teig heben. In einer Pfanne etwas Butter und Pflanzenöl erhitzen, mit einem Esslöffel etwas Teig portionsweise zugeben und die kleinen Plätzchen von beiden Seiten etwa 2 Minuten bei geringer Temperatur goldbraun braten. Auf Küchenkrepp entfetten lassen.

ZUTATEN

1 Ei, mittlere Größe
80 g Mehl Type 405
30 g Maismehl
150 ml Milch
Salz, schwarzer Pfeffer
Muskatnuss
½ Dose Maiskörner (etwa 150 g)
2 EL Butter
3 EL Pflanzenöl

OLIVEN-GNOCCHI

Die Kartoffeln waschen, als Pellkartoffeln garen, abgießen, gut abkühlen lassen, pellen und durch eine Kartoffelpresse drücken oder mit dem Kartoffelstampfer zerstampfen. Grieß, Speisestärke, Eigelbe dazugeben. Die Oliven entsteinen, hacken und ebenfalls dazugeben. Die Masse mit Salz, Pfeffer und Muskatnuss abschmecken und auf einer bemehlten Arbeitsfläche schnell zu einem gleichmäßigen Teig verarbeiten.

Den Teig auf ein bemehltes Brett geben und in Würste von 1 cm Durchmesser formen. Von diesen Würsten etwa haselnussgroße Stücke abschneiden und die Gnocchi formen.

Die Gnocchi nach und nach in reichlich kochendes, gesalzenes Wasser geben, kurz aufkochen lassen und 4 bis 5 Minuten leise ziehen lassen. Mit einer Schaumkelle aus dem Wasser nehmen, abtropfen lassen und auf eine geölte Platte geben. Mit etwas Olivenöl beträufeln.

ZUTATEN

500 g mehlig kochende Kartoffeln
80 g Grieß
40 g Speisestärke
2 Eigelbe
je 40 g schwarze und grüne Oliven
Salz, Pfeffer
Muskatnuss
2 EL Olivenöl

GEBRATENE HIRSEPLÄTZCHEN

Die Hirse unter lauwarmem fließendem Wasser gründlich waschen (nur so können die Bitterstoffe der Hirse herausgelöst werden). In einem Topf 2 Minuten ohne Fett rösten und mit einem Viertel der Wassermenge ablöschen, Flüssigkeit vollständig einkochen lassen und den Vorgang 3-mal wiederholen. Anschließend die Hirse bei geringer Temperatur in 20 Minuten weich kochen, bis die gesamte Flüssigkeit verkocht ist. Die trockene Hirsemasse in eine Schüssel umfüllen und 10 Minuten quellen lassen.

Die Hirse mit Hirseflocken, Eiern, Mascarpone und klein geschnittenen Minzblättern vermengen und mit Kardamon, Salz und Pfeffer würzen. Die Hirsemasse mit einem Löffel abstechen, in eine Pfanne mit 3 EL heißem Pflanzenöl und 1 EL Butter geben, etwas flach drücken, in Form bringen und von beiden Seiten 3 Minuten goldbraun braten.

PS Die Hirseplätzchen schmecken besonders gut zum Bohnen-Curry-Gemüse (Rezept S. 133).

ZUTATEN

100 g Hirse (ganzes Korn)
½ l Wasser
50 g Hirseflocken (Reformhaus)
2 Eier
100 g Mascarpone
10 große Blätter frische Minze
2 Msp. gemahlener Kardamon
Salz, schwarzer Pfeffer
Cayennepfeffer nach Belieben
3 EL Pflanzenöl
1 EL Butter

LAUCH-SEMMELKNÖDEL

Die Brötchen in Würfel schneiden und mit der lauwarmen Milch übergießen. Den Knödelteig etwas andrücken und 15 Minuten quellen lassen.

Den Lauch von Wurzel und grobem Grün befreien und gründlich waschen und in dünne Streifen schneiden. Die Butter erhitzen, Lauch zugeben, 10 Minuten bei geringer Temperatur dünsten und mit Salz, Pfeffer und frisch geriebener Muskatnuss abschmecken.

Die Eier mit einem Schneebesen kurz aufschlagen und mit den abgekühlten Lauchstreifen und den Semmelbröseln unter die Knödelmasse geben.

Die Petersilie waschen, Blätter abzupfen, grob hacken und ebenfalls unterheben. Die Masse in gleich große Knödel formen und etwas flach drücken. In einer Pfanne mit Pflanzenöl langsam 5 Minuten goldbraun braten und zum Beispiel mit dem Pilzgulasch (Rezept Seite 130) anrichten.

ZUTATEN

150 g altbackene Brötchen

100 ml lauwarme Milch

1 Stange Lauch (150 g)

2 EL Butter (50 g)

Salz, schwarzer Pfeffer

frisch geriebene Muskatnuss

2 Eier, mittlere Größe

30 g Semmelbröseln

1 Bund glatte Petersilie

Pflanzenöl zum Braten

KNÖDEL AUS GEKOCHTEN KARTOFFELN

Die Kartoffeln waschen, schälen und im Topf mit Salzwasser kochen. Abgießen und ausdämpfen lassen. Die Kartoffeln mit einer Kartoffelpresse in eine Schüssel drücken oder mit dem Kartoffelstampfer stampfen, mit Mehl und Speisestärke mischen und mit Salz, Pfeffer, Muskatnuss würzen. Eigelb zugeben und schnell zu einem Teig verarbeiten. Das Eiweiß nicht zu steif (wichtig!) aufschlagen und unter die Kartoffelmasse ziehen.

Die Kartoffelmasse mit gut bemehlten Händen zu mittelgroßen Klößen formen und diese in reichlich kochendem Salzwasser einmal aufkochen lassen; dann 10 Minuten ziehen lassen.

PS Die Kartoffelknödel können zusätzlich gefüllt werden. Dazu 100 g Schwarzbrot, ½ Zwiebel und 40 g Appenzeller in kleine Würfel schneiden. Die Schwarzbrotwürfel im Ofen toasten. Zwiebel in Butter glasig dünsten, den Appenzeller zufügen und vermischen. Mit dieser Masse die Kartoffelknödel füllen.

ZUTATEN

300 g mehlig kochende Kartoffeln
50 g Mehl
30 g Speisestärke
Salz, Pfeffer
geriebene Muskatnuss
1–2 Eigelbe, je nach Größe
1 Eiweiß

GEMÜSEPOLENTA

Die Möhren putzen und in zentimetergroße Würfel schneiden. Den Staudensellerie putzen, die holzigen Fasern entfernen und in zentimetergroße Scheiben schneiden. Den frischen Spinat verlesen, gründlich waschen und grob zerteilen, tiefgekühlten Spinat auftauen lassen. Zwiebeln und Knoblauch schälen und grob zerteilen. Petersilie und Basilikum waschen, trocknen, die Blätter vom Stiel entfernen und hacken. Rosmarin waschen und die Nadeln grob hacken.

In einem großen Topf das Olivenöl erhitzen. Darin zuerst die Zwiebeln, dann den Knoblauch andünsten. Die Möhren und den Sellerie zugeben, 10 Minuten unter Rühren andünsten. Rosmarin, Basilikum und Petersilie zugeben, anschließend den Spinat. Noch einmal 5 Minuten dünsten. Das Wasser angießen und die Polenta langsam unterrühren. Mit Salz, Pfeffer und Parmesan abschmecken und zugedeckt auf kleiner Flamme 5 bis 10 Minuten garen, dabei ab und zu umrühren. Es soll ein steifer Brei entstehen. Die Polentamasse in die geölte Form füllen, glatt streichen und nach etwa 20 Minuten auf eine Platte stürzen. Zum Servieren in 2 cm dicke Scheiben schneiden und in Olivenöl kurz anbraten, damit sie warm werden.

PS Man kann die Polentascheiben auch in einer Panade aus Ei, Sahne und geriebenem Parmesan wenden und in Butter und Öl auf kleiner Flamme ausbraten.

ZUTATEN

2 Möhren
1 Staudensellerie
150 g tiefgekühlten
oder 250 g frischen Spinat
2 Zwiebeln
2 Knoblauchzehen
1 Bund Petersilie
1 Bund Basilikum

1 Zweig frischer Rosmarin
oder 1 TL getrockneter Rosmarin
3–4 EL Olivenöl
1 l Wasser
250 g Polenta (feiner Maisgrieß)
Salz, Pfeffer
40 g geriebener Parmesan
Kastenform, mit etwas Öl ausgepinselt

SCHUPFNUDELN

Die Kartoffeln in der Schale kochen und gut ausdämpfen lassen, pellen, noch warm durch die Kartoffelpresse drücken und mit den restlichen Zutaten schnell zu einem glatten Teig verarbeiten. Den Teig auf einer bemehlten Arbeitsfläche zu Würsten rollen und mit einem Messer in etwa 4 cm lange Stücke schneiden. Diese Stücke mit bemehlten Händen zu Schupf- oder Fingernudeln formen.

Die fertigen Schupfnudeln in reichlich Salzwasser kochen, bis sie an die Oberfläche steigen. Mit der Schaumkelle herausnehmen und auf einem geölten Teller abkühlen lassen.

In einer versiegelten Pfanne langsam mit etwas Pflanzenöl goldgelb backen.

ZUTATEN

500 g mehlig kochende Kartoffeln
3 Eigelbe
50 g Speisestärke
25 g Grieß
25 g Mehl
Salz, Pfeffer
Pflanzenöl

SCHUPFNUDELN

KARTOFFEL-SELLERIE-PÜREE

Die Kartoffeln und die Sellerieknolle waschen, schälen und in etwa 1,5 cm große Würfel schneiden. In einen Topf mit Dämpfeinsatz etwas Wasser geben, die Kartoffel- und Selleriewürfel in den Dämpfeinsatz geben, in den Topf stellen und zugedeckt aufkochen. In 12 bis 15 Minuten weich dämpfen. Das Gemüse in eine Schüssel füllen und mit dem Kartoffelstampfer zerdrücken. Mit einem Schneebesen Butter und Milch unterschlagen, mit Salz, Pfeffer und Muskat abschmecken.

ZUTATEN

300 g Kartoffeln

400 g Sellerieknolle

1 geh. EL Butter (30 g)

125 ml Milch

Salz, Pfeffer

Muskatnuss

KARTOFFELRÖSTI

Die Kartoffeln waschen, schälen und grob reiben. In ein Tuch packen, die Flüssigkeit herausdrücken und die Masse mit Salz bestreuen. Butter und Öl in einer versiegelten Pfanne hellbraun aufschäumen lassen. Die Kartoffelstreifen mit Hilfe einer Gabel fest an den Pfannenboden drücken – die Masse sollte nicht höher als 2 cm sein. In etwa 5 Minuten langsam goldgelb bis hellbraun werden lassen, mit Hilfe eines leicht geölten Tellers wenden und die andere Seite ebenfalls 5 Minuten bräunen.

ZUTATEN

große mehlig kochende Kartoffeln, à 300 g pro Person

Salz

Butter

Olivenöl

KARTOFFELNOCKEN

Die Kartoffeln in der Schale kochen, abgießen und im vorgeheizten Backofen bei 180 °C (Heißluft 160 °C) 5 Minuten trocknen (falls vergessen wurde, den Backofen vorzuheizen, die Kartoffeln einfach 10 Minuten im leeren Topf trocknen).

2 EL Speisestärke in etwas Wasser auflösen und in 4 l Wasser zum Kochen bringen. Die Kartoffeln noch heiß pellen und stampfen. Die Eigelbe und 5 EL Speisestärke vermischen und glatt rühren. Dann mit den Kartoffeln vermengen, mit Salz, Pfeffer und Muskatnuss würzen und am besten mit den Händen zu einem Teig verkneten.

Die Masse sofort mit Hilfe von zwei Esslöffeln zu Nocken abstechen und auf ein bemehltes Brett legen. Wenn alle abgestochen sind, zusammen vorsichtig ins kochende Wasser legen. Einmal aufkochen lassen und dann auf kleinster Flamme 10 Minuten ziehen lassen. Mit der Schaumkelle die fertigen Nocken herausnehmen und servieren.

PS Passt zu allen Gemüsegerichten.

ZUTATEN

1 kg mehlig kochende Kartoffeln

7 EL Speisestärke

5 Eigelbe von mittelgroßen Eiern

Salz, Pfeffer

frisch geriebene Muskatnuss

GNOCCHI

Die Kartoffeln waschen, schälen und in Salzwasser weich kochen. Abgießen und ausdämpfen lassen. 500 g abwiegen und durch die Kartoffelpresse drücken oder mit dem Kartoffelstampfer zerstampfen. Die durchgepressten Kartoffeln im Kühlschrank abkühlen lassen.

Die abgekühlte Kartoffelmasse mit dem Grieß, der Speisestärke und den Eigelben vermischen, mit Salz und geriebener Muskatnuss abschmecken und auf einer bemehlten Arbeitsfläche schnell zu einem glatten Teig verarbeiten.

Den fertigen Teig auf 1 cm Höhe flach drücken und in fingerdicke Streifen (Röllchen oder Würste) schneiden. Davon haselnussgroße Stücke abschneiden und diese zu Gnocchi formen.

Fertige Gnocchi nach und nach in reichlich kochendes Salzwasser geben und 4 bis 5 Minuten ziehen lassen. Ab und zu vorsichtig umrühren, damit sie nicht aneinander kleben. Mit der Schaumkelle herausnehmen, abtropfen lassen, auf einen geölten Teller geben und abkühlen lassen.

PS Die Gnocchi können auch in einer Pfanne mit ein wenig neutralem Pflanzenöl bei kleiner Hitze leicht goldgelb gebräunt werden.

ZUTATEN

500–600 g mehlig kochende Kartoffeln

Salz

80 g Grieß

60 g Speisestärke

2 Eigelbe

Muskatnuss

AUBERGINENGNOCCHI

Den Backofen auf 220 °C (Heißluft 200 °C) vorheizen. Die Auberginen vom Stängelansatz befreien, waschen und das Fruchtfleisch in grobe Stücke schneiden. In eine feuerfeste Form legen, mit Essig und Öl beträufeln und mit Salz und Pfeffer kräftig würzen. Die Form mit Alufolie überziehen und die Auberginen im vorgeheizten Backofen etwa 1 Stunde schmoren, bis sie ganz weich sind.

Die Kartoffel in der Schale kochen. Auberginen etwas abkühlen lassen, in ein Küchentuch geben und sehr kräftig ausdrücken. Die Masse sehr fein hacken und in eine Schüssel geben. Die gepellte Kartoffel durch die Kartoffelpresse drücken oder mit dem Stampfer zu Brei stampfen und zugeben. Eigelb, Stärke und Mehl unterkneten. Die klein gehackten Basilikumblätter untermischen. Den Teig mit Salz abschmecken.

Den Teig auf eine bemehlte Arbeitsplatte geben, flach drücken und zu etwa 1 cm dicken Würsten formen. Von diesen Würsten haselnussgroße Stücke schneiden und zu Gnocchi formen. Nach und nach in reichlich kochendes Salzwasser geben und etwa 4 bis 5 Minuten ziehen lassen. Mit einer Schaumkelle herausnehmen, gut abtropfen lassen und zum Beispiel zu dem Rotwein-Linsen-Gemüse (Rezept Seite 127) servieren.

ZUTATEN

500 g Auberginen

5 EL Balsamico-Essig

4 EL Olivenöl

Salz, weißer Pfeffer

5 große Basilikumblätter

1 mehlig kochende Kartoffel (90 g)

1 Eigelb

35 g Kartoffel- oder Speisestärke

75 g Mehl

GEBACKENES KARTOFFELPÜREE

Den Backofen auf 200 °C (Heißluft 180 °C) vorheizen. Die Kartoffeln waschen und schälen. In Salzwasser kochen und abgießen. Die Milch lauwarm erwärmen und die Kartoffeln mit einer Kartoffelpresse pressen. Die kalte Butter und die lauwarme Milch zu der Kartoffelmasse geben und verrühren. Mit Salz, Cayennepfeffer und frischer Muskatnuss abschmecken.

Greyerzer und Parmesan reiben, 1 EL Parmesan zur Seite stellen, den Rest mit der Crème fraîche unter die Kartoffelmasse rühren. Eine Auflaufform mit Butter fetten und mit Mehl bestäuben. Das Eiweiß mit 1 Prise Salz steif schlagen. Erst ein Drittel des Eiweißes unter die Kartoffelmasse heben, dann langsam den Rest.

Die Masse in die Auflaufform füllen und im vorgeheizten Backofen 35 Minuten backen. 10 Minuten vor Ende der Backzeit den restlichen Parmesan über das Kartoffelpüree streuen.

ZUTATEN

600 g mehlig kochende Kartoffeln
125 ml Milch
5 EL Butter (100 g)
Salz, Cayennepfeffer
frisch geriebene Muskatnuss
25 g Greyerzer (Appenzeller oder Bergkäse)
35 g Parmesan
80 g Crème fraîche
Mehl zum Bestäuben der Form
3 Eiweiß

GEBACKENES KARTOFFELPÜREE

GEMÜSEGERICHTE ZUM KOMBINIEREN

KOCHSALAT MIT ERBSEN

Den Römischen Salat waschen und putzen. Die Blätter an den Stielen herunterschneiden (etwa 300 g Blätter und 100 g Stiele). Die Stiele in Stücke schneiden, die Blätter in Stücke zupfen.

Die Zwiebel und den Knoblauch schälen und fein hacken. Das Öl erhitzen und Zwiebeln und Knoblauch darin glasig dünsten. Die Salatstiele, etwas später die Salatblätter und zuletzt die grünen, unaufgetauten Erbsen hineingeben. Die Petersilie grob hacken, leicht mit Mehl bestäuben und ebenfalls zugeben. Mit dem Gemüsesud aufgießen. Die Instant-Gemüsebrühe zugeben, alles sanft kochen lassen, bis es weich ist, und mit Salz, Pfeffer und Muskatnuss abschmecken.

PS Dieses „Salatgemüse“ schmeckt wunderbar zu Rösti oder Bratkartoffeln. Die gleichen Zutaten (oder Reste) ergeben – mit Gemüsesud und Sahne aufgefüllt und püriert – eine köstliche Suppe.

ZUTATEN

1 Kopf Römischer Salat (Romana-Salat)
1 mittelgroße milde weiße Zwiebel
(oder das Weiße von 5 Frühlingszwiebeln)
1 Knoblauchzehe
2 EL Olivenöl
100 g grüne Erbsen, tiefgekühlt
1–2 EL grob gehackte Petersilie
etwas Mehl zum Bestäuben
50 ml Gemüsesud (Rezept Seite 18)
1/2 TL Instant-Gemüsebrühe
Salz, Pfeffer
Muskatnuss

BLUMENKOHL-BROKKOLI-CURRY MIT ZITRONENBLÄTTERN

Röschen von Blumenkohl und Brokkoli abschneiden und je nach Größe halbieren oder vierteln. Brokkolistrunk mit einem Sparschäler schälen, vierteln und in dünne Scheiben schneiden.

Die Currypaste mit braunem Zucker erhitzen, ein Viertel der Kokosmilch angießen und mit einem Schneebesen glatt rühren. Restliche Kokosmilch mit Wasser vermengen, mit dem Gemüse zur Currysauce geben und abgedeckt etwa 20 Minuten bei geringer Temperatur köcheln lassen, dabei immer wieder umrühren.

Das Gemüsecurry mit Sojasauce würzen, die Zitronenblätter in hauchdünne Streifen schneiden und kurz vor dem Servieren unter das Curry geben und mit gekochtem Duftreis servieren.

PS Wer es gerne noch exotischer möchte, nimmt die Blätter von ½ Bund Thaibasilikum und hebt sie zum Schluss unter das Curry.

ZUTATEN

500 g Blumenkohl
500 g Brokkoli
1 gestrichener EL rote Currypaste (in Asialäden erhältlich)
2 EL brauner Zucker
400 ml Kokosmilch (1 Dose)
200 ml Wasser
3 EL Sojasauce (in Asialäden erhältlich)
2 Zitronenblätter (in Asialäden erhältlich) oder ½ Bund Zitronenmelisse

GRATIN VON TOPINAMBUR, MAIS UND PFIFFERLINGEN

Die Topinamburwürfel blanchieren. Mit den Zucchiniwürfeln und den Pfifferlingen in Olivenöl scharf anbraten. Salzen und pfeffern. Die Maiskörner blanchieren und dazugeben. Curry, Safran, Vanille und Koriander in dem Weißwein aufkochen, etwa 10 Minuten ziehen lassen und passieren. Den Weißwein in einem kleinen Topf aufkochen, bis auf die Hälfte reduzieren und etwas abkühlen lassen. Die Weißweinreduktion mit den Eigelben über dem Wasserbad aufschlagen. Topfen, Crème fraîche und Sahne unter die Masse heben und mit Cayenne, Salz und Zitronensaft abschmecken.

Das Gemüse auf 4 Teller verteilen und die Gratin-Masse darüber geben. Bei 160° C (Umluft und Oberhitze) auf der mittleren Schiene 10 Minuten gratinieren.

ZUTATEN FÜR 4 PERSONEN

200 g Topinamburwürfel
200 g Zucchiniwürfel
200 g Pfifferlinge
30 ml Olivenöl
Salz
Pfeffer
75 g Maiskörner

½ TL Curry
2 Msp. Safranfäden
¼ Vanillestange
1 g Korianderkörner
60 ml Weißwein
3 Eigelbe
50 g Quark (40%)
30 g Crème fraîche
30 g geschlagene Sahne
Cayenne
Zitronensaft

SAUERKRAUT

Das Sauerkraut wässern. Die Zwiebeln schälen und in Scheiben schneiden. Knoblauchzehe und Apfel ebenfalls. Zwiebeln, Knoblauch und Apfel in Butter glasig anschwitzen. Zucker zugeben und leicht karamellisieren lassen.

Das Sauerkraut abschütten, auspressen und zu der Zwiebelmischung geben. Mit Weißwein und Gemüsesud aufgießen, mit Salz und Pfeffer abschmecken. Kräuter und Gewürze im Ganzen zugeben. Alles 1 bis 1 ½ Stunden (je nach Kraut) zugedeckt sanft kochen. Nach dem Kochen Petersilienstängel, Lorbeerblatt, Nelken und Wacholderbeeren entfernen.

ZUTATEN

500 g Sauerkraut (frisch oder 1 Dose)
2 Zwiebeln
½ Knoblauchzehe
¼ Apfel
etwas Butter zum Anschwitzen
2 EL Zucker
150 ml Weißwein
250 ml Gemüsesud (Rezept Seite 18)
Salz, Pfeffer
1 Bund Petersilienstängel
1 Lorbeerblatt
2 Nelken
6 Wacholderbeeren

PAPRIKA-LINSEN-GEMÜSE

Die Linsen wenn nötig (je nach Sorte) über Nacht in einer Schüssel mit reichlich Wasser einweichen. Die Paprika putzen und klein würfeln. Zwiebeln und Knoblauch schälen und fein würfeln. Die Linsen in einem Sieb mit kaltem Wasser abspülen und abtropfen lassen. 2 EL Öl im Topf erhitzen und darin Zwiebeln, Knoblauch und etwa zwei Drittel der Paprikawürfel kurz andünsten. Tomatenmark zugeben und kurz anschwitzen. Mit dem Essig löschen und die Linsen unterrühren. Gemüsesud und Tomatensaft angießen. Chili und Lorbeerblatt zufügen. Aufkochen lassen und dann zugedeckt bei kleiner Hitze sanft kochen. Nach 15 Minuten Rosmarin, Oregano und restliche Paprika zugeben und so lange einkochen, bis alles dickflüssig ist.

PS Dazu passen besonders gut Rosmarinkartoffeln: Die Kartoffeln waschen und in zentimetergroße Würfel schneiden. Fein gehackte Rosmarinnadeln darüber streuen. In Olivenöl langsam goldbraun braten. Mit Salz und Pfeffer abschmecken. Statt der Kartoffelwürfel kann man dieses kräftige Gemüsegericht auch mit einem Klacks Crème fraîche abwandeln. Dazu Crème fraîche mit Orangensaft verrühren. 1 Bund rundblättrigen Rucola hacken und in die Crème fraîche rühren. Ein paar Rucolablättchen zurückbehalten. Die Gemüse auf Teller füllen, etwas Orangen-Crème-fraîche in die Mitte geben und darauf noch ein paar Rucolablättchen streuen.

ZUTATEN

100 g gelbe Linsen
1 kleine gelbe Paprikaschote (100 g)
1 kleine grüne Paprikaschote (100 g)
1 kleine rote Paprikaschote (100 g)
1 Zwiebel
1 Knoblauchzehe
2 EL Olivenöl
1 EL Tomatenmark
1 EL Balsamico-Essig
200 ml Gemüsesud (Rezept Seite 18)
400 ml Tomatensaft
1 getrocknete Chilischote
1 Lorbeerblatt
1 ½ EL fein gehackte frische Rosmarinnadeln oder getrockneter Rosmarin
1 EL frischer oder getrockneter Oregano
Salz, Pfeffer

ROTWEIN-LINSEN-GEMÜSE MIT AUBERGINENGNOCCHI

ROTWEIN-LINSEN-GEMÜSE

Die Linsen wenn nötig einweichen. Länge der Einweichzeit der Anweisung auf dem Paket entnehmen. Schalotten, Karotte, Sellerie, Ingwer und Knoblauch schälen. Die Schalotten in Scheiben schneiden. Karotte und Sellerie fein würfeln, Knoblauch und Ingwer fein hacken.

Alles in 3 EL Olivenöl kurz andünsten. Tomatenmark und Currypulver unterrühren und die Lorbeerblätter zufügen. Mit Rotwein und Portwein ablöschen und mit dem Gemüsesud aufgießen. Das Bouquet garni einlegen. Die Linsen etwa 45 Minuten bei geschlossenem Deckel darin weich kochen. Bouquet garni und Lorbeerblätter entfernen. Die Linsen noch einmal mit Salz, Pfeffer und Balsamico-Essig abschmecken.

PS Dazu passen die Auberginengnocchi besonders gut (Rezept Seite 115).

ZUTATEN

250 g braune Linsen
6 Schalotten
1 große Karotte
1 Stück Knollensellerie (100 g)
1 TL Ingwer (3 cm)
1 – 2 Knoblauchzehen
3 EL Olivenöl
1/2 EL Tomatenmark
1 EL Currypulver
2 Lorbeerblätter
200 ml kräftiger Rotwein
100 ml roter Portwein
1/2 l Gemüsesud (Rezept Seite 18)
1 Bouquet garni (Lauch, Thymianzweig und glatte Petersilie mit Küchengarn zusammengebunden)
Salz, weißer Pfeffer
Balsamico-Essig

AUBERGINENCURRY

Die Zwiebel schälen, in Würfel schneiden und in Butter goldgelb anschwitzen. Den frischen Ingwer schälen und reiben, mit dem gehackten Knoblauch zu den Zwiebeln geben und anbraten. Kümmel, Koriander, Kardamon, Kurkuma und Nelken in Öl leicht anrösten, dann mit einem großen, scharfen Messer klein hacken und mit dem Cayennepfeffer zu den Zwiebeln in die Pfanne geben. Die Tomaten waschen, den Strunk entfernen und in Würfel schneiden. Mit dem Wasser und dem braunen Zucker zu den Gewürzen geben. Einmal kurz aufkochen, 1 Stunde kalt stellen.

Die Auberginen waschen, den Stielansatz abschneiden und der Länge nach in 1 cm dicke Scheiben schneiden. Die einzelnen Scheiben nochmals halbieren und beide Seiten mit Salz und Pfeffer würzen. In einer Pfanne mit Pflanzenöl von beiden Seiten goldbraun anbraten und zur Seite stellen.

Den Spinat gründlich waschen oder auftauen lassen und in Streifen schneiden. Die erkaltete Tomaten-Gewürzmasse nochmals aufkochen, die Spinatstreifen und die Auberginen unterrühren und einige Minuten sanft kochen lassen. Den Koriander waschen und klein schneiden. Das Auberginencurry auf Teller anrichten und mit Koriander bestreuen.

ZUTATEN

1 große Zwiebel
2 EL Butter
2 EL geriebener frischer Ingwer
2 EL gehackter Knoblauch
3 EL Kümmel
1/2 TL Koriander
1/2 TL Kardamon
1/2 TL Kurkuma (Tumeric)
1/4 TL Nelken
1/2 TL Cayennepfeffer
2 Tomaten
200 ml Wasser
1 EL brauner Zucker
1 große Aubergine (450 g)
Salz, Pfeffer
Pflanzenöl zum Braten
300 g Spinat (200 g geputzt oder 200 g Tiefkühl-Blattspinat)
1 Bund frischer Koriander

KARAMELLISIERTER CHICORÉE MIT EGERLINGEN

Die Karotten schälen, längs halbieren und quer in dünne Scheiben schneiden. Den Staudensellerie putzen, waschen und in Scheibchen schneiden. In einem Topf 1 EL Butter zerlassen. Karotten, Sellerie und Wasser zugeben, leicht salzen und pfeffern, etwa 15 Minuten dünsten.

Vom Chicorée die Enden abschneiden, so dass man ihn in Einzelblätter teilen kann. Den festen Innenteil herausnehmen und entsorgen. Die Blätter waschen und gut abtropfen lassen.

In einer Pfanne 2 EL Butter und 3 EL Pflanzenöl heiß werden lassen und den Puderzucker einstreuen. Die Chicoréeblätter zugeben, mit Salz und Pfeffer abschmecken und mit dem Zitronensaft beträufeln. Das gedünstete Gemüse zugeben und bei mittlerer Hitze 10 Minuten karamellisieren lassen. Wenn nötig, etwas Gemüsesud zugeben.

In einer zweiten Pfanne 3 EL Pflanzenöl heiß werden lassen, die Pilze hineingeben und auf hoher Flamme kurz schmoren. Mit Salz und Pfeffer abschmecken, aus der Pfanne heben, zum Chicorée geben und alles gut durchschwenken. Portwein und Gemüsesud in die Pfanne zu dem Öl, in dem die Pilze geschmort wurden, geben und einmal aufkochen. Die Petersilie hacken und darüber streuen. Das Gemüse auf vorgewärmten Tellern anrichten, die Sauce darüber geben. Dazu kann man Kartoffel-Sellerie-Püree (Rezept Seite 112) reichen.

PS Etwas Trüffel, über den Chicorée gehobelt, adelt dieses Gericht und gibt ihm eine ganz besonders exquisite Note.

ZUTATEN

2 mittelgroße Karotten (120 g)
1 dicke Stange Staudensellerie (100 g)
3 EL Butter
2 EL Wasser
2 Chicorée, à 200 g
6 EL Pflanzenöl
1 TL Puderzucker
Salz, Pfeffer
2 Spritzer Zitronensaft
150 g Egerlinge (braune Champignons)
1 EL weißer Portwein
4–5 EL Gemüsesud (Rezept Seite 18)
etwas Petersilie

PILZGULASCH

Die Pilze am besten trocken säubern (notfalls kurz abbrausen) und dann die Enden der Stiele abschneiden (etwa 100 g) und zur Seite stellen.

Für den Fond 1 Zwiebel, die Kartoffel und 1 Knoblauchzehe schälen und in Scheiben schneiden, mit 2 EL Butter und 1 EL Öl in einem Topf anschwitzen. Die Pilzabschnitte mit den getrockneten Steinpilzen dazugeben und leicht anrösten. Mit 1 EL Paprikapulver bestäuben, mit Salz, Pfeffer würzen und mit ½ Liter Wasser 30 Minuten sanft kochen lassen. Durch ein Sieb gießen und zur Seite stellen.

Für das Gulasch 1 Zwiebel schälen und in feine Würfel schneiden. Die Pilze grob zerteilen. In einem Topf die restliche Butter schmelzen und die Zwiebelwürfel darin andünsten. 2 EL Paprikapulver und das Tomatenmark zugeben und anbraten. Die geputzten Pilze dazugeben, mit Salz und Pfeffer abschmecken. Mit Weißwein und dem Pilzfond ablöschen. 10 Minuten leicht kochen lassen. Die Sahne zugeben und mit Zitrone, Petersilie, einer kleinen, gehackten Knoblauchzehe und dem klein gehackten oder gemahlenen Kümmel abschmecken.

PS Gebratene Lauch-Semmelknödel (Rezept Seite 107) passen dazu besonders gut.

ZUTATEN

600 g frische Pilze
2 Zwiebeln
1 kleine Kartoffel
2 Knoblauchzehen
4 EL Butter (80 g)
1 EL Öl
5 g getrocknete Steinpilze
3 EL Paprikapulver
Salz, Pfeffer
1 EL Tomatenmark
100 ml Weißwein
1 Becher Sahne (200 g)
1 Spritzer Zitronensaft
1 Bund glatte Petersilie
Kümmel

FENCHEL-PAPRIKA-RATATOUILLE ORIENTALISCH

Die Zwiebel schälen. Den Fenchel und die Paprikaschoten putzen, waschen und trockentupfen. Alles in kleine Würfel schneiden. Die Tomaten mit kochendem Wasser überbrühen, kalt abschrecken, häuten und klein schneiden. Wer es ganz fein liebt, kann die Kerne entfernen. In jedem Fall den ablaufenden Saft auffangen. Die Knoblauchzehen schälen und sehr fein hacken. Die Aubergine von Blüten- und Stängelansatz befreien, waschen, abtrocknen und mit 1 cm großen Zwischenräumen der Länge nach schälen. Anschließend ebenfalls in kleine Würfel schneiden. Die Korianderkörner mit Kümmel und Fenchelsamen in 1 EL Olivenöl unter Rühren erhitzen, bis die Mischung duftet. Herausnehmen, abkühlen lassen und mit einem scharfen Messer auf einem Brett zerkleinern. Mit dem Knoblauch und dem Kurkumapulver zu einer Würzpaste vermengen.

4 EL Olivenöl in einem Topf erwärmen und die Würzpaste einrühren. Die Zwiebeln darin glasig werden lassen. Erst dann die Fenchel- und Paprikawürfel zufügen und alles sanft kurz anschwitzen. 4 EL Öl in einer versiegelten Pfanne erhitzen und die Auberginenwürfel darin braten, bis sie leicht gebräunt sind. Mit Salz, Pfeffer und einem Hauch Curry abschmecken. Auf einer dicken Lage Küchenkrepp abfetten lassen. Auberginen, Tomaten, Lorbeerblätter mit den Fenchel- und Paprikawürfeln und dem durchgesiebten Tomatensaft in einen Topf geben. Salzen, pfeffern und zugedeckt etwa 15 Minuten schmoren. Bei Bedarf etwas Gemüsesud oder Wasser zugeben. Das Gemüse sollte noch etwas Biss haben. Den Koriander abspülen, trockentupfen und grob hacken. Die Lorbeerblätter aus dem Gemüse nehmen. Mit Salz und Pfeffer abschmecken.

PS Eine außergewöhnliche Geschmackssensation, die als Vorspeise genauso überzeugt wie als Hauptgericht, zum Beispiel mit pochierten Eiern oder den panierten Gemüseschnitzeln (Rezept Seite 151). Das Gemüse schmeckt am besten, wenn es kalt geworden ist, wieder aufgewärmt und lauwarm mit eiskalter Crème fraîche serviert wird.

ZUTATEN

1 mittelgroße weiße Zwiebel (150 g)
1 Knollenfenchel (300 g)
1 rote Paprikaschote (150 g)
1 gelbe Paprikaschote (150 g)
1 grüne Paprikaschote (150 g)
300 g feste, reife Tomaten
3 Knoblauchzehen
1 längliche Aubergine (ca. 250 g)
1 TL Korianderkörner
½ TL Kümmel
1 TL Fenchelsamen
9 EL Olivenöl
1 TL Kurkuma (Gelbwurz), gemahlen
Salz, schwarzer Pfeffer
Currypulver
2 Lorbeerblätter
½ Bund Koriandergrün

BOHNEN-CURRY-GEMÜSE

Die Zwiebeln und den Knoblauch schälen, Zwiebeln in Streifen, Knoblauch in kleine Würfel schneiden. Die Tomaten waschen, vom grünen Strunk befreien, kreuzförmig einschneiden und in kochendem Wasser kurz überbrühen, enthäuten und in kleine Stücke schneiden und den Saft auffangen.

Die Bohnen putzen und in grobe Stücke schneiden, 3 EL Olivenöl und 1 EL Butter erhitzen, Zwiebeln und Knoblauch glasig anbraten, Bohnen zugeben, kurz durchschwenken und mit Currypulver bestäuben, Ahornsirup zugeben und mit Wasser ablöschen. Die Flüssigkeit einkochen lassen, Tomaten zugeben und abgedeckt etwas 20 Minuten weich kochen, dabei immer wieder rühren. Die Sahne angießen, nochmals aufkochen, leicht salzen und kurz vor dem Servieren mit Sauerrahm und Dill verfeinern.

PS Dazu passen besonders gut die gebratenen Hirseplätzchen (Rezept Seite 106).

ZUTATEN

300 g Zwiebeln
1 Knoblauchzehe
400 g Tomaten
400 g breite Bohnen
3 EL Olivenöl
1 EL Butter
1 TL Currypulver
1 EL Ahornsirup
100 ml Wasser
1 Becher Sahne (200 g)
Salz
2 EL Sauerrahm
2 EL frisch gehackter Dill (1/2 Bund)

RAFFINIERTE HAUPTGERICHTE

BUCHWEIZENPLÄTZCHEN AUF ROTE BETE MIT FRISCHEM INGWER UND KOKOSSAUCE

SPINATSOUFFLÉ

Von der kalten Milch 3 EL abnehmen und mit der Speisestärke glatt rühren. Die restliche Milch in einem Topf zum Kochen bringen. Die Speisestärke unter ständigem Rühren in die kochende Milch geben. Gut durchkochen lassen und in ein flaches Gefäß zum Auskühlen geben. Mit Klarsichtfolie abdecken.

Den Spinat leicht antauen lassen, mit der Hand auspressen und klein schneiden. Mit der leicht gebräunten Butter mischen und in einer Küchenmaschine fein mixen. Mit Salz, Cayennepfeffer und etwas Muskat abschmecken. Die Eier trennen. Den Speisestärkepudding durch ein Sieb streichen, mit dem Spinat und den Eigelben verrühren und nochmals abschmecken.

Das Eiweiß mit 1 Prise Salz zu nicht zu steifem Schnee schlagen (am besten mit der Hand) und vorsichtig (erst ein Drittel, dann den Rest) unter die Spinatmasse heben. Die Masse drei Viertel hoch in die gut mit Butter ausgefetteten Förmchen geben. Den Backofen auf 220 °C (Heißluft 200 °C) vorheizen. 1 Blatt Zeitungspapier passend für den Boden eines Bräters oder einer großen feuerfesten Form zusammenfalten und an den Seiten einreißen. In den Bräter geben. Kochendes Wasser einfüllen und die Förmchen oder Form einstellen. Das Wasser sollte nicht höher als ein Viertel der Höhe der Förmchen oder der Form sein. Das Wasser auf der Herdplatte zum Kochen bringen. Dann den Bräter mit den Förmchen auf die unterste Schiene des Backofens stellen und etwa 20 Minuten backen. Wenn das Soufflé fest ist, den Parmesan drüber streuen. Wird es zu dunkel, die Oberfläche mit Alufolie abdecken.

PS Man kann alles für dieses Soufflé vorbereiten, bis zu dem Zeitpunkt, wo das Eiweiß untergezogen wird.

ZUTATEN

400 ml Milch
50 g Speisestärke
200 g Blattspinat (tiefgefroren)
2 EL Butter (50 g)
Salz, Cayennepfeffer
Muskatnuss
4 Eier
weiche Butter zum Ausfetten der Formen
Parmesan zum Bestreuen

Die angegebene Menge reicht für 8 Souffléförmchen von 7,5 cm Höhe oder für 1 feuerfeste Form von 8 cm Höhe und 16 cm Durchmesser.

KOHLRABI-GRÜNKERN-PFLANZERL AUF KRÄUTERSAUCE

Die Kohlrabi schälen und mit Hilfe einer Küchenreibe in grobe Raspel hobeln. Die Grünkernflocken in einer Pfanne ohne Fett kurz rösten. 1 EL Butter in einem Topf erhitzen, klein geschnittene Schalottenwürfel glasig dünsten, geröstete Grünkernflocken zugeben und mit 100 ml Milch ablöschen. Die Milch vollständig einkochen lassen, wieder 100 ml Milch angießen und den Vorgang nochmals wiederholen (die Garzeit beträgt ca. 15 Minuten). Den trockenen Grünkernbrei in eine Schüssel umfüllen und etwas abkühlen lassen. In der Zwischenzeit den Zucker in einem Topf mit einigen Spritzern Wasser leicht karamellisieren lassen. Kohlrabi und 1 EL Butter zugeben, kurz durchschwenken und mit Sahne aufgießen. Bei geringer Temperatur so lange kochen lassen, bis die Sahne vollständig verkocht ist. Kohlrabigemüse mit Salz, Pfeffer und etwas Muskatnuss würzen.

Für die Sauce den Sauerrahm, den klein geschnittenen Schnittlauch, die fein gehackte Petersilie und die Knoblauchzehe vermischen, mit Salz und Pfeffer würzen. Eier, Quark, Kohlrabigemüse und Weizenmehl zu der Grünkernmasse geben, gut miteinander vermengen und mit Salz und Pfeffer würzen. Die Grünkernmasse mit einem Esslöffel abstechen und in einer Pfanne mit heißem Öl und Butter von beiden Seiten etwa 4 Minuten goldbraun braten.

PS Die Grünkernpflanzerl sind mit verschiedenen Gemüsen und Blattsalaten kombinierbar. Falls Pflanzerl übrig bleiben sollten, kann man diese wunderbar kalt essen. Wenn Sie keine fertigen Flocken bekommen, lassen Sie sich im Reformhaus oder Bioladen ganze Körner grob schroten.

ZUTATEN

600 g Kohlrabi ohne Grün
320 g Grünkernflocken
(im Reformhaus erhältlich)
2 EL Butter
80 g geschälte Schalotten
300 ml Milch

1 TL Zucker
100 g Sahne
Salz, weißer Pfeffer
frisch geriebene Muskatnuss
1 Becher Sauerrahm (200 g)
1 Bund Schnittlauch

½ Bund glatte Petersilie
1 fein gehackte Knoblauchzehe
2 Eier
2 EL Magerquark, 20 %
2 EL Weizenmehl Type 550 (25 g)
Sonnenblumenöl und Butter

RAVIOLI ASIATISCH

Für die Wan-Tan-Füllung die Kartoffeln waschen und schälen. In Salzwasser kochen, abgießen und ausdämpfen lassen. Von den Shiitake-Pilzen 4 Stück zur Seite legen. Die anderen putzen, in feine Würfel schneiden und in 3 EL Pflanzenöl scharf anbraten, mit Salz, Pfeffer und Koriander würzen. 2 Frühlingszwiebeln putzen und waschen, den frischen Koriander waschen, trockentupfen und beides fein schneiden. Die Kartoffeln zerstampfen, mit den Pilzen, Frühlingszwiebeln und dem frischen Koriander mischen und mit Salz und Pfeffer abschmecken.

25 bis 30 Wan-Tan-Blätter auftauen. In die Mitte von jedem Blatt etwa ½ EL der Füllung geben. Mit dem Eiweiß die Kanten dünn bestreichen und die untere Teigkante darüber schlagen und leicht andrücken. Zuckerschoten, 4 Frühlingszwiebeln und die beiseite gelegten Pilze putzen und in feine Streifen schneiden. Die Paprika waschen, halbieren, den Strunk und die Kerne entfernen und ebenfalls in Streifen schneiden. Wer es ganz fein mag, kann die Paprika mit dem Sparschäler schälen. Die Sojasprossen kurz abspülen und trockentupfen. Das Gemüse in einer heißen Pfanne mit 3 EL Pflanzenöl scharf anbraten, 1 gehackte Knoblauchzehe und 1 EL fein gehackten Ingwer dazugeben, mit Salz und Pfeffer würzen und warm halten. Für die Marinade Portwein, Sojasauce, Honig, Limettensaft, 1 gehackte Knoblauchzehe, 1 EL gehackten Ingwer und die gehackte Chilischote mit einem Schneebesen gut vermischen. 3 EL Pflanzenöl und 1 EL Sesamöl zum Schluss unterrühren. Eventuell mit etwas Salz nachwürzen. Die Wan Tans in reichlich kochendem Salzwasser 2 Minuten kochen. Mit der Schaumkelle herausnehmen. Wan Tans, Gemüse und Marinade auf Tellern anrichten und servieren.

ZUTATEN

3 mehlig kochende Kartoffeln (150 g)
160 g Shiitake-Pilze
9 EL Pflanzenöl
Salz, Pfeffer
1 TL gemahlener Koriander
6 Frühlingszwiebeln
1 Bund frischer Koriander

1 Packung Wan-Tan-Teigblätter tiefgefroren (in Asialäden erhältlich)
1 Eiweiß
50 g Zuckerschoten
1 rote Paprika (100 g)
50 g Sojasprossen
2 Knoblauchzehen
1 – 2 EL frischer Ingwer

1 EL Portwein
1 EL Sojasauce
1 TL Honig
Saft von ½ Limette
1 kleine Chilischote, fein gehackt
1 EL Sesamöl

RAVIOLI ASIATISCH

GEBACKENE FRÜHLINGSROLLE MIT PIKANTEM GURKEN-CHILI-DIP

Paprika waschen, halbieren, entkernen und in kleine Würfel schneiden. Chinakohl vierteln, vom groben Strunk befreien und in feine Streifen schneiden. Karotten schälen und ebenfalls in Streifen schneiden. Shiitake-Pilze klein würfeln. Die Frühlingszwiebeln putzen, das dunkle Grün entfernen und klein schneiden. Die Knoblauchzehe schälen und fein würfeln. Die Sojasprossen putzen, mit kaltem Wasser abbrausen und über einem Sieb abtropfen lassen.

Die Glasnudeln mit kochendem Wasser überbrühen und 15 Minuten quellen lassen. In ein Sieb schütten, gut abtropfen lassen und mit einer Küchenschere in 5 cm lange Stücke schneiden.

Keimöl im Wok oder einer beschichteten großen Pfanne erhitzen, das Gemüse unter ständigem Rühren nacheinander scharf anbraten, etwas abkühlen lassen und unter die Glasnudeln heben. Den Glasnudelsalat mit Sojasauce, Limettensaft und Ingwer würzen, mit grob gehackten Korianderblättern verfeinern und etwa 20 Minuten ziehen lassen. Über einem Sieb abtropfen lassen.

Die Ränder der Frühlingsrollenblätter dünn mit Eiweiß bestreichen. ⅛ des Glasnudelsalates auf dem unteren Drittel des Teigblattes verteilen. Die Ränder einschlagen, nochmals mit Eiweiß einstreichen und aufrollen. Die restlichen Frühlingsrollenblätter gleichfalls füllen, mit Klarsichtfolie abdecken und 20 Minuten kühl stellen. In eine Pfanne 1 cm hoch Öl einfüllen, erhitzen und die Frühlingsrollen darin von allen Seiten goldgelb ausbacken. Die Salatgurke waschen, schälen, halbieren, mit einem Esslöffel entkernen und in kleine Würfel schneiden. Die Chilisauce mit den Gurkenwürfeln vermengen.

ZUTATEN FÜR 8 GROSSE FRÜHLINGSROLLEN

200 g rote Paprika
300 g Chinakohl
100 g Karotten
100 g Shiitake-Pilze
2 Frühlingszwiebeln
1 Knoblauchzehe
200 g Sojasprossen
80 g Glasnudeln
2 EL Keimöl

1–2 EL helle Sojasauce
2 EL frisch gepresster Limettensaft
10 g frisch geriebener Ingwer
1 Bund Koriander
8 Frühlingsrollenblätter
(25 x 25 cm – im Asiageschäft erhältlich)
1 Eiweiß
Öl zum Ausbacken

160 g Salatgurke
10 EL süß-saure Chilisauce
(im Asiageschäft erhältlich)

PAPRIZIERTES BOHNENGULASCH

Die Bohnenkerne über Nacht in Wasser einweichen. Das Wasser abgießen und die Bohnen in dem Gemüsefond mit Lorbeer und 1 Zwiebel weich kochen. Passieren und den Fond für das Gulasch aufheben.

Die grünen Bohnen (breite und Kenia-Bohnen) in Streifen schneiden und in leicht gesalzenem Wasser blanchieren. Die Kartoffel in feine Würfel schneiden. Die Paprika entkernen, schälen und ebenfalls in Würfel schneiden.

Eine gewürfelte Zwiebel in Olivenöl anbraten. Das Tomatenmark, die Kartoffel- und die Paprikawürfel dazugeben. Mit Paprikapulver bestreuen und mit dem Bohnenfond 12–20 Minuten kochen lassen. Die Bohnen zugeben. Zitronenschale mit Knoblauch, Kümmel und Bohnenkraut fein hacken und ebenfalls zu dem Gulasch geben.

Den Sauerrahm mit Zitronensaft und gehacktem Majoran glatt rühren, mit Salz und Pfeffer abschmecken und auf dem Gulasch anrichten.

ZUTATEN

60 g weiße Bohnenkerne
30 g Saubohnen
50 g schwarze Bohnenkerne
1 l Gemüsefond
1 Lorbeerblatt
2 Zwiebeln
35 g breite Bohnen
30 g Kenia-Bohnen
Salz
1 mittelgroße Kartoffel
1 rote Paprika

2 EL Olivenöl
1 TL Tomatenmark
8 g Paprikapulver
1 Zitrone (Schale und Saft)
1 Knoblauchzehe
Kümmel
etwas Bohnenkraut
100 g Sauerrahm
1 Zweig Majoran
Pfeffer

PANIERTER CHICORÉE MIT TOMATENSALAT

Den Chicorée längs halbieren und den Strunk herausschneiden. Die Zitrone in Schnitze teilen. Das Mehl auf einem Teller bereitstellen. Die Eier mit 5 EL Milch verquirlen.

Wasser und Milch in eine Pfanne geben, Lorbeer und Pimentkörner dazugeben und mit Salz und Pfeffer würzen. Den Chicorée in die kalte Flüssigkeit legen, diese zum Kochen bringen und 2 bis 3 Minuten kochen lassen, so dass der Chicorée darin weich wird. Dann auf Küchenkrepp abtropfen lassen und flach drücken.

Die Brösel und den geriebenen Käse auf einem Teller mischen. Das Butterschmalz erhitzen, den Chicorée in Mehl wenden, durch die Eiermilch ziehen und dann in der Brösel-Käse-Mischung wälzen. In heißem Butterschmalz golden ausbacken, dabei einmal wenden. Vor dem Servieren mit Zitronensaft beträufeln.

PS Dazu schmeckt ganz lecker ein Salat von gehäuteten Tomaten, dünnen roten Zwiebelringen und Kapern, mit einer einfachen Vinaigrette angemacht.

ZUTATEN

4 mittelgroße Chicorée
1 Zitrone
etwas Mehl
3 Eier
5 EL Milch
150 ml Wasser
150 ml Milch
1 Lorbeerblatt
5 Pimentkörner
Salz, Pfeffer
50 g Semmelbröseln
50 g geriebener Käse, am besten Parmesan
Butterschmalz zum Braten

GEBRATENER TOFU MIT GEMÜSE UND ERDNUSS-SAUCE

Die Erdnüsse in einer Pfanne ohne Fett goldbraun rösten, etwas abkühlen lassen und in der Küchenmaschine grob mahlen. Braunen Zucker mit der Currypaste erhitzen, mit etwas Kokosmilch ablöschen, gut miteinander verrühren, Erdnüsse zugeben und mit der restlichen Kokosmilch aufgießen. Die Erdnuss-Sauce 20 Minuten bei mittlerer Hitze sämig einkochen, dabei immer wieder mit einem Kochlöffel umrühren.

Die Erdnuss-Sauce mit 2 EL Sojasauce würzen. Zitronenblätter in hauchdünne Streifen schneiden, die Blätter der Zitronenmelisse klein hacken.

Den Chinakohl halbieren, vom Strunk befreien und in breite Streifen schneiden. Die Karotten schälen, halbieren und schräg in dünne Scheiben schneiden. Die Röschen vom Brokkoli abschneiden und je nach Größe halbieren oder vierteln. Brokkolistrunk mit einem Sparschäler schälen, vierteln und ebenfalls in dünne Scheiben schneiden (der Strunk schmeckt besonders aromatisch). Die Zuckerschoten putzen und schräg halbieren. Den Tofu in Würfel schneiden und in 3 EL heißem Pflanzenöl von allen Seiten goldbraun braten; auf Küchenkrepp entfetten lassen. Restliches Öl erhitzen und nacheinander Karotten, Brokkoli, Zuckerschoten und zum Schluss die Chinakohlstreifen anbraten. Das Wasser zugeben und 8 bis 10 Minuten garen. Das Gemüse mit restlicher Sojasauce würzen und den Tofu unterheben.

Die Erdnuss-Sauce mit Zitronenblättern oder Zitronenmelisse verfeinern, mit dem Gemüse und am besten mit Duftreis servieren.

ZUTATEN

100 g ungesalzene Erdnüsse
1 EL brauner Zucker
½ EL rote Currypaste
(in Asialäden erhältlich)
400 ml Kokosmilch
150 ml Wasser
5 EL Sojasauce

2 Zitronenblätter oder
1 kleines Bund Zitronenmelisse
400 g Chinakohl
2 Karotten (200 g)
1 Brokkoli (200 g)
100 g Zuckerschoten
400 g Tofu
5 EL Pflanzenöl

MANGOLD MIT GRAUPEN UND TOMATEN

Den Backofen auf 180 °C (160 °C Heißluft) vorheizen. Die Gerste waschen, in sprudelndem Wasser ca. 40 Minuten kochen und in einem Sieb abgießen. Den Mangold vom Strunk befreien und waschen. Die Stiele ausschneiden und in feine Würfel schneiden. 1 Schalotte schälen und würfeln, die Champignonköpfe putzen und vierteln. Die Frühlingszwiebel putzen und in feine Ringe schneiden und mit den Schalottenwürfeln, den Mangoldwürfeln und den Champignonköpfen in etwas Olivenöl anbraten. Die Gerste dazugeben und unter ständigem Rühren die Flüssigkeit einkochen lassen. Zum Schluss 2 EL Parmesan sowie 2 EL Butter zugeben, alles mit Salz, Pfeffer und geriebener Muskatnuss abschmecken und erkalten lassen. Mangoldblätter in gesalzenem Wasser kurz blanchieren und in kaltem Wasser abschrecken, danach auf Küchenkrepp legen und trockentupfen.

Für die Sauce 1 Schalotte und die Knoblauchzehe schälen, fein schneiden und in etwas Olivenöl anbraten. Die Dosentomaten zerkleinern und mit dem Saft zugeben. Mit Salz, Pfeffer, Zucker und einem Thymianzweig würzen. Die Gerstenmasse auf die Mangoldblätter verteilen und einwickeln. Tomatensauce in eine feuerfeste Form geben und die Mangoldrollen darauf setzen. Mit etwas Olivenöl beträufeln und mit 3 EL Parmesan sowie den Semmelbröseln bestreuen. Im vorgeheizten Backofen etwa 25 Minuten lang schmoren.
Vor dem Servieren mit der gehackten Petersilie bestreuen.

ZUTATEN

100 g Graupen (Rollgerste)
1 Staude Mangold
2 Schalotten
6 kleine Champignons
1 Frühlingszwiebel
2 EL Olivenöl
5 EL Parmesan
2 EL Butter
Salz, Pfeffer
Muskatnuss
1 Knoblauchzehe
125 g Dosentomaten
Zucker
1 Thymianzweig
Semmelbröseln
Petersilie

GEMÜSEPAELLA

Die Tomaten kurz mit kochendem Wasser überbrühen, schälen und vierteln. Die Paprika entkernen, weißen Spargel und Knoblauch schälen, Staudensellerie, Frühlingszwiebeln und Kopfsalatblätter waschen. Alles in kleine Stücke schneiden. Die Shiitake-Pilze putzen und vierteln. Bohnen und gefrorene Erbsen zusammen in Salzwasser 2 Minuten kochen.

Die Shiitake-Pilze in Olivenöl anbraten. Paprika, Staudensellerie, Frühlingszwiebeln sowie Safran, die gehackte Chilischote und Knoblauch zufügen und leicht dünsten. Dann die Tomaten und die Hälfte vom Gemüsesud dazugeben und den Paellareis einstreuen. Die Spargelstücke zugeben und mit Salz und Pfeffer würzen. Auf kleiner Flamme garen, bis der Reis weich ist. Dabei immer wieder etwas Gemüsesud nachgießen.

Gegen Ende der Garzeit die vorgekochten Bohnen und Erbsen sowie die Salatblätter auf der Paella verteilen, mit frisch geschnittener Petersilie bestreuen und gleich servieren.

ZUTATEN

4 mittelgroße Tomaten (270 g)
1 große rote Paprika
6 Spargelstangen, weiß oder grün
2 Knoblauchzehen
3 Stangen Staudensellerie
2 Frühlingszwiebeln
6 Kopfsalatblätter
4 Shiitake-Pilze
40 g grüne Bohnen

100 g tiefgekühlte Erbsen
70 ml Olivenöl
6 Safranfäden
1 Chilischote, gehackt
150 g spanischer Paellareis
500–800 ml Gemüsesud (Rezept Seite 18), je nach Reisqualität
Salz, Pfeffer
1 EL gehackte Petersilie

ORIENTALISCHER SPINATSTRUDEL MIT ROSINEN UND PINIENKERNEN

Den Backofen auf 200 °C (180 °C Heißluft) vorheizen. Den Spinat putzen, gründlich waschen und abtropfen lassen; tiefgefrorenen Spinat auftauen. Schalotten und Knoblauch schälen, in kleine Würfel schneiden und in 2 EL leicht gebräunter Butter glasig anschwitzen. Den Spinat zugeben und zugedeckt 5 Minuten bei geringer Hitze unter gelegentlichem Rühren garen. Ohne Deckel so lange weitergaren, bis die Flüssigkeit vollständig verkocht ist. Mit Salz, Pfeffer und frisch geriebener Muskatnuss würzen. Die Sultaninen in Apfelsaft 15 Minuten einweichen. Die Pinienkerne in einer Pfanne ohne Fett goldbraun rösten und mit den Sultaninen in einer Küchenmaschine zerkleinern. Feta-Käse klein würfeln und mit der Rosinen-Pinien-Masse unter den leicht abgekühlten Spinat mengen. Mit sämtlichen Gewürzen pikant abschmecken. Ei und Sahne miteinander verrühren und mit Salz, Pfeffer, Muskatnuss und Ingwer würzen.

Die Backform mit etwas zerlassener Butter einstreichen. Den Strudelteig in 4 gleich große Rechtecke teilen, dünn mit zerlassener Butter bestreichen und auf ein Küchentuch legen. Die Spinatmasse vierteln und jeweils im unteren Drittel des Teigblattes verteilen. Mit Hilfe des Küchentuches aufrollen, Enden nach unten schlagen und in die gebutterte Backform legen. Die restlichen Strudel füllen und in die gebutterte Backform legen. Die Strudel mit zerlassener Butter bestreichen, je nach Geschmack mit Sesam bestreuen und mit der Eier-Sahne-Mischung übergießen. Im vorgeheizten Backofen 30 bis 35 Minuten goldbraun backen.

ZUTATEN

1 kg frischer Spinat
(ergibt 600 g geputzt)
oder 600 g Tiefkühlspinat
150 g Schalotten
2 Knoblauchzehen
2 EL Butter
Salz, Pfeffer
frisch geriebene Muskatnuss
50 g Sultaninen
3 EL Apfelsaft
1 Beutel Pinienkerne (60 g)
200 g Feta-Käse
(griechischer Schafskäse)
1 Msp. gem. Nelken
1 Msp. gem. Zimt
1 Msp. gem. Piment
(Nelkenpfeffer)
1 Msp. gem. Koriander
½ TL gem. Kreuzkümmel (Cumin)
1 Ei
100 g Sahne
1 Msp. gem. Ingwer
zerlassene Butter
100 g Strudel- oder
Filoteigblätter (tiefgefroren)
Sesam

GEMÜSELASAGNE

Den Backofen auf 200 °C (Heißluft 180 °C) vorheizen. Für die Gemüsebolognese das Gemüse waschen und mit Küchenkrepp trockentupfen. Paprika halbieren und entkernen. Wer es ganz fein mag, kann die Paprika vorher mit einem Sparschäler schälen. Den Fenchel halbieren, groben Strunk entfernen, Staudensellerie von groben Fäden befreien, Zucchinienden und die Röschen vom Blumenkohl abschneiden. Gemüse, Mangold mit Stielen, Knoblauch und Zwiebeln in sehr feine Würfel schneiden. Olivenöl erhitzen, Zwiebeln und Knoblauch glasig dünsten, 1 Thymianzweig, die ganzen Salbeiblätter und das restliche Gemüse kurz mitbraten. 4 EL Wasser angießen und bei geringer Temperatur weich dünsten. Das kann je nach Größe der Gemüsewürfel 6 bis 10 Minuten dauern. Gemüse mit Salz und Pfeffer würzen, Kräuter entfernen und auskühlen lassen. Mascarpone unter das erkaltete Gemüse heben und mit klein geschnittenen Basilikumblättern verfeinern.

Tomatensugo und Béchamelsauce nach Rezept zubereiten.

Gebutterte Auflaufform (20 x 35 cm) mit etwas Tomatensugo und Béchamelsauce begießen, mit 4 Lasagneblättern auslegen, mit etwas Gemüsebolognese bedecken und mit einem Viertel der Käsemenge (Parmesan und Mozzarella) bestreuen. Diesen Vorgang 3-mal wiederholen und mit Käse abschließen. Die Gemüselasagne im vorgeheizten Backofen 35 bis 40 Minuten backen.

ZUTATEN

1 große rote Paprikaschote (250 g)
1 große gelbe Paprikaschote (250 g)
½ Fenchel (230 g)
1 Stange Staudensellerie (100 g)
1 mittelgroße Zucchini (220 g)
¼ Blumenkohl (100 g)
1 Mangoldblatt mit Stiel (100 g)
2 Knoblauchzehen, geschält
1 große Zwiebel, geschält (150 g)
2 EL Olivenöl
2 Zweige frischer Thymian
6 Salbeiblätter
Salz, schwarzer Pfeffer
160 g Mascarpone
8 Basilikumblätter
etwas Butter zum Fetten für die Form
½ Packung Lasagneblätter (16 Blatt)
250 g Mozzarella, in kleine Würfel geschnitten
80 g fein geriebener Parmesan
¾ Liter Tomtensugo (Rezept Seite 20)
½ Liter Béchamelsauce (Rezept Seite 17)

GEMÜSELASAGNE

GEBRATENER SPARGEL IN TAMARINDENSAUCE MIT KIRSCHTOMATEN UND FRÜHLINGSZWIEBELN

Den Spargel waschen, die harten Enden abschneiden und im Gemüsesud 10 bis 20 Minuten kochen. Den Spargel der Länge nach halbieren und schräg in grobe Stücke scheiden.

Die Frühlingszwiebeln von Wurzeln und grobem Grün befreien und in Scheiben schneiden. Die Kirschtomaten waschen, den grünen Strunk entfernen und nach Geschmack halbieren oder vierteln.

Die Tamarindenpaste in lauwarmem Wasser auflösen und bei geringer Temperatur 10 Minuten köcheln lassen. Den braunen Zucker zugeben, mit Sojasauce würzen und durch ein feines Sieb passieren. Das Pflanzenöl in einem Wok oder einer versiegelten Pfanne erhitzen, Spargel 5 Minuten anbraten, Frühlingszwiebeln zugeben, kurz mitbraten und mit dem abgegossenen Spargelsud ablöschen. Die Flüssigkeit vollständig einkochen lassen, Kirschtomaten unterheben. Tamarindensauce zugeben, kurz aufkochen lassen und am besten mit Basmatireis servieren.

ZUTATEN

1 kg grüner Spargel
200 ml Gemüsesud (Rezept Seite 18)
1 Bund Frühlingszwiebeln
200 g Kirschtomaten
4 EL Tamarindenpaste (80 g),
(in Asialäden erhältlich)
1/4 l lauwarmes Wasser
2 EL brauner Zucker
2 EL Sojasauce
2 EL Pflanzenöl

PANIERTE GEMÜSESCHNITZEL MIT LIMETTENBUTTER

Die Basilikumblätter sehr fein hacken und mit dem Paniermehl vermischen. Die Eier in einem tiefen Teller verquirlen. Gemüse putzen, die Süßkartoffeln schälen. Das Gemüse in etwa ½ cm dicke Scheiben schneiden. Die Scheiben möglichst gleich dick schneiden – nur die Süßkartoffelscheiben etwas dünner schneiden.

Die Gemüsescheiben in einen Topf mit ½ Liter kalter Milch und ½ Liter kaltem Wasser legen, zum Kochen bringen und 2 Minuten köcheln lassen. Alles herausnehmen – zuletzt die Süßkartoffeln und auf einem Küchenkrepp abtropfen lassen. Das Butterschmalz in der Pfanne erhitzen. Die Gemüsescheiben zuerst durch das Ei ziehen, dann im Paniermehl wenden und im heißen Fett von beiden Seiten goldbraun braten. Die Butter für die Limettenbutter schmelzen, klein gehackte Minze- und Zitronenmelisse-Blätter unterrühren. Mit Salz, Pfeffer und Limettensaft abschmecken und die Gemüseschnitzel damit beträufeln.

PS Schmeckt besonders gut mit Fenchel-Paprika-Ratatouille orientalisch (Rezept Seite 132).

ZUTATEN

1 Bund Basilikum

150 g feines Paniermehl

2 Eier

2 längliche Auberginen

2 Zucchini

2 Süßkartoffeln

0,5 l Milch

Butterschmalz zum Braten

Butter für Limettenbutter

½ Bund Minze

1 Bund Zitronenmelisse

Salz, Pfeffer

Saft von 1 Limette

KÄSESOUFFLÉ

Von der Milch einige EL abnehmen und darin die Speisestärke kalt glatt rühren. Die restliche Milch aufkochen, die angerührte Speisestärke hineinrühren, aufkochen lassen, in eine große flache Schüssel gießen, mit Klarsichtfolie abdecken und auskühlen lassen. Den Lauch putzen, waschen und in feine Ringe schneiden. In der Butter leicht anschwitzen, mit Salz, Pfeffer und Muskat abschmecken. Die Sahne angießen und den Lauch weich kochen, so dass die Sahne fast völlig reduziert ist. Erkalten lassen. Den Käse nicht zu grob reiben. Den Speisestärke-Pudding durch ein Sieb streichen. Die Eier trennen. Die Eiweiße mit 1 Prise Salz nicht zu steif (wichtig!) aufschlagen. Das Eigelb mit dem geriebenen Käse vermischen. Den Pudding mit der Käse-Eigelb-Mischung verrühren. Mit Salz, Pfeffer und Muskatnuss abschmecken. Die Form reichlich mit der Butter ausfetten und die kalte Sahne-Lauch-Mischung so einfüllen, dass der Boden bedeckt ist. Das Eiweiß unter die Käsemasse ziehen – erst ein Drittel, dann den Rest. Die Soufflémasse bis knapp unter den Rand der Form auf den Lauch geben. Den Backofen auf 220 °C (Heißluft 200 °C) vorheizen. 1 Blatt Zeitungspapier passend für den Boden eines Bräters oder einer feuerfesten Form zusammenfalten, an den Seiten einreißen und in den Bräter geben. Kochendes Wasser einfüllen und die Auflaufform hineinstellen. Es soll nicht höher sein als ein Viertel der Höhe der Form. Das Wasser auf der Herdplatte zum Kochen bringen. Den Bräter mit der Auflaufform in den Backofen stellen und 40 Minuten backen. Wenn die Oberfläche zu dunkel wird, mit Alufolie abdecken. In der Form servieren.

PS Dieses Soufflé eignet sich für 2 Personen als Hauptgericht oder für 4 Personen als kleine Vorspeise. Bei 4 Personen die Mengen verdoppeln. Wichtig fürs Gelingen ist, dass die Eiweiße nicht zu steif, am besten von Hand mit dem Schneebesen, aufgeschlagen werden.

ZUTATEN

300 ml Milch
35 g Speisestärke
2 Stangen Lauch (200 g)
2 EL Butter (40 g)
Salz, Pfeffer
Muskatnuss

100 g Sahne
200 g Hartkäse (Appenzeller, Emmentaler oder Greyerzer)
4 Eier
weiche Butter zum Ausfetten der Auflaufform

Die angegebene Menge geht von einer runden, feuerfesten Form mit 16 cm Durchmesser und 8 cm Höhe aus.

GEFÜLLTE KOHLRABISCHNITZEL MIT KARTOFFEL-AVOCADO-SALAT

Den Kohlrabi schälen, in halbzentimeterdicke Scheiben schneiden und in Salzwasser nicht zu weich dünsten. Kalt abschrecken und mit Küchenkrepp trockentupfen. Mehl, verquirlte Eier und Semmelbröseln auf jeweils 1 Teller vorbereiten.

Die Kartoffeln in kräftig gesalzenem Wasser in der Schale kochen. Abkühlen lassen und schälen, dann in mundgerechte Würfel schneiden. Avocadofleisch in vergleichbar große Stücke schneiden. Kresse abschneiden und – bis auf eine kleine Menge – mit den Kartoffeln, Avocado, Olivenöl, Zitronensaft, Salz und Pfeffer vorsichtig vermischen.

Zwischen 2 Kohlrabischeiben jeweils 1 Scheibe Raclettekäse geben, mit Salz und Pfeffer würzen. Jedes Kohlrabi-Käse-Paket zuerst in Mehl, dann in Ei, anschließend in den Semmelbröseln panieren. In einer Pfanne etwas Butter schmelzen und die Kohlrabi-Käse-Pakete goldbraun braten.

Den Salat mit der restlichen Kresse garnieren und zu den gefüllten Kohlrabischnitzeln servieren.

ZUTATEN

2 Kohlrabi (à 300 g)

Mehl und Semmelbröseln zum Panieren

2 Eier

fest kochende Kartoffeln (gleiches Gewicht wie die Avocados)

2 große reife Avocados

3 Kästchen Kresse

Olivenöl

Saft von 1–2 Zitronen

100 g Raclettekäse in Scheiben

Salz, Pfeffer

Butter zum Braten

BUCHWEIZENPLÄTZCHEN AUF ROTE BETE MIT FRISCHEM INGWER UND KOKOSSAUCE

Die Buchweizengrütze in einem Topf ohne Fett kurz rösten und mit 100 ml Gemüsefond ablöschen. Flüssigkeit bei geringer Temperatur vollständig einkochen lassen. Den Vorgang 2-mal wiederholen. Sobald die gesamte Flüssigkeit aufgesogen ist, die trockene Buchweizenmasse in eine Schüssel umfüllen und 15 Minuten quellen lassen.

Die Frühlingszwiebeln von Wurzeln und grobem Grün befreien und in dünne Ringe schneiden. 1 geschälte Knoblauchzehe ebenfalls klein schneiden, 1 EL Pflanzenöl erhitzen und die Frühlingszwiebeln und den Knoblauch 2 Minuten unter ständigem Wenden braten und unter die Buchweizenmasse geben. Quark und Eier zugeben, mit grob gehackten Korianderblättern, Salz, Pfeffer, gemahlenem Koriander und etwas Muskatnuss würzen.

Die Rote Bete in mundgerechte Stücke schneiden und mit dem Saft aus dem Glas erhitzen. Für die Sauce den Ingwer und 1 Knoblauchzehe schälen und in kleine Würfel schneiden bzw. fein hacken. Die Kokosmilch erhitzen und bei geringer Temperatur etwa 5 Minuten sämig einkochen. Mit Ingwer, Limettensaft, fein gehacktem Knoblauch und Salz abschmecken.

Buchweizenmasse mit einem Esslöffel abstechen und in einer Pfanne mit 3 EL heißem Öl und 2 EL Butter von beiden Seiten 3 Minuten goldbraun braten. Die Plätzchen auf einem Küchenpapier abtropfen lassen und mit dem Rote-Bete-Gemüse und der Kokossauce servieren.

ZUTATEN

80 g Buchweizengrütze (Reformhaus)
300 ml Gemüsefond
1 Bund Frühlingszwiebeln (120 g)
2 Knoblauchzehen
4 EL Pflanzenöl
150 g Quark, 20 %
2 Eier, mittlere Größe
1 EL gehackte Korianderblätter (Blätter von einem halben Bund)
Salz, schwarzer Pfeffer
1 Msp. gemahlener Koriander
frisch geriebene Muskatnuss
330 g eingelegte Rote-Bete-Kugeln (aus dem Glas, Nettogewicht 220 g)
Rote-Bete-Saft aus dem Glas
1 walnussgroßes Stück frischer Ingwer
1 Dose Kokosmilch (400 ml) (in Asialäden erhältlich)
1 Spritzer Limettensaft
2 EL Butter

BUCHWEIZENPLÄTZCHEN

ROGGEN-APFEL-KÜCHERL MIT GESCHMORTEM WURZELGEMÜSE UND MEERRETTICHSCHMAND

Den Roggen in einem Topf etwa 2 Minuten ohne Fett rösten, dann 200 ml Wasser angießen. Den Vorgang 2-mal wiederholen und die Roggenkörner bei geringer Temperatur in etwa 45 Minuten weich kochen. Die Flüssigkeit sollte dabei vollständig verkocht sein. Die Äpfel waschen, schälen, vierteln, vom Kerngehäuse befreien und in kleine Würfel schneiden. 2 EL Butter erhitzen und die Apfelwürfel 5 Minuten weich dünsten. Das Grün der Frühlingszwiebeln entfernen und das Weiße der Länge nach halbieren. Petersilienwurzeln und Karotten schälen und in grobe Stücke schneiden. 2 EL Butter erhitzen, Puderzucker darin leicht karamellisieren lassen, Thymian, Lorbeerblatt und die in der Schale leicht angedrückten Knoblauchzehen kurz braten. Gemüse und Frühlingszwiebeln zugeben und etwa 2 Minuten bei geringer Temperatur glasieren. Die restlichen 100 ml Wasser angießen und abgedeckt etwa 35 Minuten weich schmoren. Wenn Flüssigkeit fehlt, Wasser nachgießen. Mit Salz, Pfeffer und frisch geriebener Muskatnuss würzen. Den Schmand mit dem Meerrettich, Zitronensaft und Dill verrühren und mit Salz und Pfeffer würzen. Den abgekühlten Roggen mit den gedünsteten Apfelwürfeln, Quark, Eiern und Mehl zu einer homogenen Masse vermengen und mit Salz würzen. Roggenmasse mit einem Esslöffel abstechen, in eine Pfanne mit heißem Öl und restlicher Butter geben, etwas flach drücken, in Form bringen und von beiden Seiten 3 Minuten goldbraun braten. Die Roggenkücherl portionsweise auf dem geschmorten Wurzelgemüse auf Tellern anrichten und mit Meerrettichschmand servieren.

ZUTATEN

160 g Roggen (ganzes Korn)
700 ml Wasser
2 säuerliche Äpfel, z. B. Boskop (450 g)
4 EL Butter
1 Bund Frühlingszwiebeln
250 g Petersilienwurzel
(wahlweise Knollensellerie)
300 g Karotten
1 EL Puderzucker
1 Zweig frischer Thymian
1 Lorbeerblatt
3 Knoblauchzehen
Salz, Pfeffer
frisch geriebene Muskatnuss
200 g Schmand oder Sauerrahm
1 EL frisch geriebener Meerrettich
(oder aus dem Glas)
1 Spritzer Zitronensaft
1 TL fein gehackter Dill
100 g Quark, 20 %
2 Eier, mittlere Größe
2 EL Weizenmehl Type 550 (25 g)
3 EL Pflanzenöl

ROGGEN-APFEL-KÜCHERL MIT GESCHMORTEM WURZELGEMÜSE
UND MEERRETTICHSCHMAND

AUBERGINEN-GRIESS-AUFLAUF

Den Backofen auf 200 °C (Heißluft 180 °C) vorheizen. Die Auberginen der Länge nach halbieren, das Fruchtfleisch leicht einritzen und salzen. Die Auberginen mit dem Fruchtfleisch nach unten für 15 Minuten auf Küchenkrepp legen. Danach die Auberginen mit dem Fruchtfleich nach unten, zusammen mit 2 in der Schale angedrückten Knoblauchzehen, auf ein heißes, mit Olivenöl gefettetes Backblech legen. Mit Rosmarin und Thymian überstreuen und die Auberginen im vorgeheizten Backofen etwa 60 Minuten backen. Sobald die Auberginen weich sind, aus dem Ofen nehmen.

Mit einem Löffel das Fruchtfleisch herauslösen und in eine Schüssel geben. Die Knoblauchzehe schälen und fein würfeln. Das Basilikum waschen, die Blätter von den Stängeln zupfen, mit einem Küchenkrepp trockentupfen und fein schneiden. Die Oliven entkernen und fein hacken. Alle Zutaten vermischen und mit Salz und Pfeffer abschmecken.

Milch und Butter zum Kochen bringen, den Grieß hinzufügen und unter ständigem Rühren zu einem dicken Brei kochen. Mit Salz, Pfeffer, Muskatnuss abschmecken und 1 Eigelb unterrühren. Den Brei in eine mit Butter ausgefettete Auflaufform geben, flach andrücken und erkalten lassen. Dann aus der Auflaufform stürzen. Das Auberginenpüree in die Auflaufform einfüllen. Den Ziegenkäse in Scheiben schneiden, zufügen und mit dem gestürzten Grießauflauf abdecken. Mit Eigelb bestreichen und mit Parmesan bestreuen. Den Grießauflauf im vorgeheizten Backofen etwa 20 bis 25 Minuten überbacken.

ZUTATEN

4 Auberginen (etwa 600 g)
3 Knoblauchzehen
6 EL Olivenöl
Rosmarin
Thymian
½ Bund Basilikum
60 g Oliven mit Stein

Salz, Pfeffer
300 ml Milch
2 EL Butter (30 g)
70 g Grieß
2 Eigelbe
50 g frischen festen Ziegenkäse (z. B. St. Maure)

20 g Parmesan
Muskatnuss

Für die Menge der Zutaten ist eine Auflaufform von 24 x 14 cm passend.

AUSTERNPILZE IN DER KÄSE-EI-HÜLLE MIT KRÄUTERSAUCE UND BUTTERKARTOFFELN

Die Pilze putzen, in eine Schüssel geben, mit Salz und Pfeffer würzen, mit den Thymian- und Rosmarinzweigen, dem Olivenöl und 4 geschälten Knoblauchzehen bedecken. 1 Stunde marinieren. Für die Sauce die Zwiebeln und 1 Knoblauchzehe schälen, in feine Würfel schneiden und in 2 EL Butter leicht anschwitzen und mit dem Mehl bestäuben. Den Weißwein und den Gemüsesud zugeben und auf die Hälfte einkochen lassen. Die Sahne zugeben und ebenfalls etwas einkochen lassen. Alles mit Salz, Pfeffer und etwas Zitronensaft abschmecken. Die Kartoffeln waschen, schälen, längs halbieren und in leicht gesalzenem Wasser weich kochen.

Die Austernpilze aus der Marinade nehmen und leicht trockentupfen. Die Eier aufschlagen. Den Parmesan reiben. Die Austernpilze durch die Eier ziehen, kurz im Paniermehl, das mit Parmesan vermengt ist, wenden und in reichlich Öl ausbacken. Herausnehmen und auf Küchenkrepp abtropfen lassen.

Die Kartoffeln abgießen und mit 3 EL Butter vorsichtig durchschwenken. Kurz vor dem Servieren die gewaschenen, grob geschnittenen Kräuter in die Sauce geben und mit dem Stabmixer nicht zu fein pürieren. Austernpilze, Butterkartoffeln und Sauce auf Tellern anrichten.

ZUTATEN

16 mittlere Austernpilze
Salz, Pfeffer
2 Zweige Thymian
1 Zweig Rosmarin
8 EL Olivenöl
5 Knoblauchzehen
2 kleine Zwiebeln
5 EL Butter
2 TL Mehl
80 ml trockener Weißwein
300 ml Gemüsesud (Rezept Seite 18)
300 g Sahne
Saft von 1 Zitrone
6 mittlere Kartoffeln
3 Eier
80 g Paniermehl
40 g Parmesan
Pflanzenöl zum Ausbacken
100 g gemischte frische Kräuter der Saison

DESSERTS

MILLI-RAHMSTRUDEL MIT APRIKOSENRAGOUT

MILLI-RAHMSTRUDEL

Den Backofen auf 170 °C (Heißluft 150 °C) vorheizen. Die Butter mit 50 g Zucker, der abgeriebenen Zitronenschale und dem Vanillemark mit dem Handrührgerät 4 Minuten schaumig schlagen. 3 Eier trennen. Das Eiweiß zur Seite stellen und die Eigelbe nacheinander in die Butter-Zucker-Mischung rühren. Quark, Saure Sahne, Mehl und die Rum-Rosinen unterheben. Die 3 Eiweiß mit 75 g Zucker mit dem Handrührgerät zu festem Eischnee schlagen. Erst ein Drittel Eischnee unter die Quarkmasse heben, dann vorsichtig den Rest.

Alle Strudelblätter ausbreiten und mit Butter bestreichen. Jedes Blatt mit je einem Viertel der Quarkmasse füllen und zu je einem Strudel rollen. Die Strudel nebeneinander in eine gefettete, feuerfeste Auflaufform legen.

Die Milch mit der Crème fraîche, dem Vanillezucker und den 2 Eiern verrühren und über die Strudel gießen. Die Strudel im vorgeheizten Backofen erst 15 Minuten, dann bei 150 °C (Heißluft 130 °C) weitere 45 Minuten backen. Mit Puderzucker bestreuen und warm servieren.

ZUTATEN FÜR 6–8 PERSONEN

125 g Butter
125 g Zucker
1 EL abgeriebene Schale von 1 unbehandelten Zitrone
1 Vanilleschote
5 Eier
400 g Quark, 20 %
300 g Saure Sahne
1 EL Mehl
60 g Rosinen (in Rum eingeweicht)
2 Pakete Strudelteig (4 Blatt)
Butter zum Bestreichen des Teiges und für die Backform
¼ l Milch
2 EL Crème fraîche
2 EL Vanillezucker
Puderzucker

GEBRATENE HEFETALER MIT PFLAUMENSAHNE

Die zerbröselte Hefe in lauwarmer Milch auflösen und mit Mehl, Ei, Mark der Vanilleschote und 1 EL Zucker zu einem glatten Teig verrühren. An einem warmen Ort abgedeckt 20 Minuten gehen lassen. Sahne mit Pflaumenkonfitüre verrühren und mit 1 Messerspitze Zimt würzen.

Pflanzenöl mit der Butter in einer Pfanne erhitzen, die Orangenschale dazugeben. Mit einem Esslöffel etwas Teig abstechen und in der Pfanne von beiden Seiten goldbraun etwa 3 Minuten braten lassen. Auf Küchenkrepp entfetten lassen. 3 EL Zucker mit 1 TL Zimt vermischen, die Taler darin wälzen und mit der Pflaumensahne servieren.

ZUTATEN

½ Würfel Hefe (21 g)
100 ml lauwarme Milch
150 g Mehl Type 405
1 Ei, mittlere Größe
1 Vanilleschote
4 EL Zucker
100 g Sahne
2 EL Pflaumenkonfitüre
Zimt
1 EL Pflanzenöl
3 EL Butter
¼ Schale von 1 unbehandelten Orange

KAROTTENKUCHEN

Den Backofen auf 200 °C (Heißluft 180 °C) vorheizen. Die Eier trennen und die Eigelbe mit 175 g Zucker mit dem Handrührgerät 10 Minuten schaumig schlagen. Die Karotten schälen, fein raspeln und mit Mandeln, Backpulver und Salz mischen. Von beiden Zitronen die Schale abreiben und den Saft auspressen. Beides zu der Karotten-Mandel-Masse geben.

Das Eiweiß fast steif schlagen, den restlichen Zucker langsam einrieseln lassen und weiter schlagen bis das Eiweiß schnittfest ist. Die aufgeschlagenen Eigelbe mit der Karottenmasse vorsichtig mischen. Dann zuerst ein Drittel des Eischnees unter die Teigmasse heben, danach vorsichtig den Rest.

In die bereits gefettete und mit Mehl bestäubte Springform füllen und 50 bis 55 Minuten backen.

PS Lecker schmeckt dazu die Vanillesauce (Rezept Seite 171) oder auch das Aprikosenragout (Rezept Seite 165).

ZUTATEN

7 Eier, mittlere Größe
350 g Zucker
400 g Karotten
350 g fein gemahlene Mandeln
1 TL Backpulver
1 Prise Salz
2 unbehandelte Zitronen
Butter und Mehl für die Backform

Springform mit 26 cm Durchmesser

APRIKOSENRAGOUT

Die Aprikosen waschen, halbieren, entkernen und vierteln.

Die Butter in einer Pfanne schmelzen, den Zucker dazugeben und leicht karamellisieren lassen. Die Vanilleschote der Länge nach halbieren und das Mark mit Hilfe eines Messerrückens herausschaben. Aprikosen, Vanillemark, Orangen- und Zitronenschale in die Pfanne geben, 5 Minuten unter ständigem Rühren glasieren, mit Orangenlikör ablöschen, mit Weißwein aufgießen und 15 Minuten bei kleiner Hitze weich schmoren.

PS Aprikosenragout passt gut zu Milli-Rahmstrudel, Karottenkuchen oder Hefetalern.

ZUTATEN

1 kg Aprikosen

3 EL Butter (60 g)

5 EL Zucker (100 g)

1 Vanilleschote

1 kleines Stück Schale von 1 unbehandelten Orange

1 kleines Stück Schale von 1 unbehandelten Zitrone

3 EL Orangenlikör

1/4 Liter trockenen Weißwein

ÜBERBACKENES HIMBEER-KIRSCHRAGOUT

Den Backofen auf 200 °C (Heißluft 180 °C) vorheizen. Die Kirschen waschen, vom Stiel befreien und entsteinen. 4 EL Zucker mit Wasser so lange kochen, bis er anfängt, sich bräunlich zu färben. Kirschen, Zitronensaft, Schale von ¼ Orange und ¼ Zitrone, ½ aufgeschlitzte Vanilleschote und Cassislikör zugeben und 5 Minuten auf kleiner Flamme sanft kochen lassen. Die Himbeeren in einer ovalen Auflaufform verteilen und mit den heißen Kirschen übergießen. Dabei die Vanilleschote sowie die Orangen- und Zitronenschalen herausnehmen.

1 EL Zucker mit Milch, Schale von ¼ Orange und ¼ Zitrone, ½ aufgeschlitzten Vanilleschote aufkochen, vom Herd nehmen und kurz ziehen lassen (so können sich die Aromen von Zitrusfrüchten und Vanilleschote voll entfalten). Durch ein Sieb abgießen. Die Milch nochmals aufkochen, Grieß einrühren und unter ständigem Rühren bei geringer Hitze 5 Minuten quellen lassen.

Den Grießbrei in eine Schüssel füllen, etwas abkühlen lassen. Eier aufschlagen und trennen. Die Eigelbe verquirlen und in den Brei einrühren. Das Eiweiß steif schlagen, dabei 2 EL Zucker nach und nach einrieseln lassen. Steif geschlagenes Eiweiß unter die Grießmasse heben und gebirgsartig auf den Kirschen verteilen. Das Kirschragout im vorgeheizten Backofen etwa 15 Minuten goldbraun backen, aus dem Ofen nehmen, mit Puderzucker bestäuben und sofort servieren.

PS Dazu schmeckt Vanillesauce (Rezept Seite 171) ganz lecker.

ZUTATEN

500 g Kirschen
7 EL Zucker (140 g)
50 ml Wasser
Saft von ½ Zitrone
Schale von 1 unbehandelten Orange
Schale von 1 unbehandelten Zitrone
1 Vanilleschote
3 EL Cassislikör
(schwarzer Johannisbeerlikör)
1 Schälchen Himbeeren (150 g)
300 ml Milch
50 g Grieß
2 Eier mittlerer Größe
Puderzucker zum Bestäuben

HIMBEER-KIRSCHRAGOUT

ZWETSCHGENRÖSTER MIT KARTOFFELSTREUSEL

Den Backofen auf 200 °C (Heißluft 180 °C) vorheizen. Die frischen Zwetschgen waschen und entkernen. Zwetschgen aus dem Glas in einem Sieb abtropfen lassen. 60 g Zucker in einer Pfanne mit 3 EL Butter hell karamellisieren. Mit Portwein, Orangen- und Zitronensaft ablöschen und einkochen lassen, bis fast keine Flüssigkeit mehr vorhanden ist. Dann das Zwetschgenmus, die Zimtstange und die Zwetschgen dazugeben, 15 Minuten sanft kochen lassen und zur Seite stellen.

Für die Streusel die Pellkartoffel pellen und zerstampfen. In einer Schüssel zum Kartoffelbrei 100 g Butter, das Mehl, 100 g Zucker, 1 Prise Salz, den Zimt sowie das Backpulver geben, gut vermischen und zu Streuseln verkneten.

Eine Auflaufform ausfetten und mit Mehl ausstauben. Die Zwetschgenröster in die Form geben und mit den Kartoffelstreuseln bestreuen. Im vorgeheizten Backofen 25 Minuten backen.

ZUTATEN

500 g frische Zwetschgen (oder 1 Glas Zwetschgen)
160 g Zucker
3 EL und 100 g Butter
50 ml Portwein
Saft von ½ Orange
Saft von 1 Zitrone
1 EL Zwetschgenmus
1 Zimtstange
1 Pellkartoffel, bereits gekocht (125 g)
125 g Mehl
Salz
1 TL gemahlener Zimt
1 TL Backpulver
Fett für die Form

SCHOKOLADENTORTE

Einen kleineren Topf in einen größeren mit kochendem Wasser stellen und über diesem Wasserbad die in Stücke gebrochene Schokolade mit 2 EL Wasser schmelzen lassen.

Butter und Zucker zugeben und zergehen lassen. Die Eier trennen; die 3 Eigelbe und das Mehl unter die Schokomasse rühren und gut vermischen. Die Eiweiße sehr steif schlagen und vorsichtig unterheben.

Eine flache Kuchenform mit Backpapier auslegen, die Masse einfüllen und in den kalten Backofen schieben. Den Regler jetzt erst auf 200 °C (Heißluft 180 °C) einschalten und die Torte 40 bis 50 Minuten backen. Jeder Ofen ist anders, deshalb lässt sich die Zeit nicht genau angeben. Es kann auch 60 Minuten dauern, bis die Torte fest ist. Mit einem Holzstäbchen immer wieder prüfen, ob noch flüssiger Teig beim Herausziehen daran hängen bleibt.

Die fertige Torte aus dem Ofen nehmen und am besten auf einem Gitter auskühlen lassen. Zum Servieren mit Puderzucker bestreuen und in Rechtecke schneiden.

PS Schmeckt hervorragend mit der Vanillesauce (Rezept Seite 171).

ZUTATEN
200 g Blockschokolade
100 g Butter
160 g Zucker
3 Eier
50 g Mehl
Puderzucker zum Bestreuen

Für eine Backform von 20 x 24 cm

APFELMICHEL MIT VANILLESAUCE

Den Backofen auf 200 °C (Heißluft 180 °C) vorheizen. Die Brötchen in Würfel schneiden, mit 150 ml der kalten Milch übergießen und 10 Minuten quellen lassen. Die Eier trennen. 3 Eigelbe mit 3 EL Zucker aufschlagen, bis sich der Zucker gelöst hat. Die Äpfel schälen, Kerngehäuse entfernen, achteln und in feine Scheiben schneiden. Das Vanillemark von 1 Stange, die grob gehackten Walnüsse, die abgeriebene Zitronenschale und 1 Messerspitze Zimt zu den Äpfeln geben und verrühren.

Die gequollenen Brötchen, die Eigelbmasse und die Äpfel gut miteinander vermischen. 3 EL Zucker zum Eiweiß geben und dieses steif schlagen. Vorsichtig unter die Brötchen-Äpfel-Masse heben. In eine gefettete Auflaufform geben und mit Semmelbröseln und Butterflocken bestreuen. Im vorgeheizten Backofen 35 Minuten backen.

Für die Vanillesauce die Sahne, 500 ml Milch und das Mark von 1 Vanilleschote in einem Topf zum Kochen bringen. 2 EL Zucker mit den Eigelben und der Speisestärke verrühren. In die kochende Milch-Sahne-Mischung gießen und einmal aufkochen lassen. Durch ein Sieb gießen und abkühlen lassen.

PS Die Vanillesauce kann für viele Desserts verwendet werden.

ZUTATEN

200 g altbackene Brötchen
650 ml Milch
3 Eier, mittlere Größe
5 Eigelbe, mittlere Größe
8 EL Zucker (140 g)
2 säuerliche Äpfel (Boskop)
Mark von 2 Vanillestangen
50 g grob gehackte Walnüsse
abgeriebene Schale
von 1 unbehandelten Zitrone
1 Msp. Zimt
3 EL Semmelbröseln
3 EL Butterflocken
200 g Sahne
1 TL Speisestärke

REZEPT-REGISTER

„Mit dieser Karotte koche ich nicht.“

ECKART WITZIGMANN